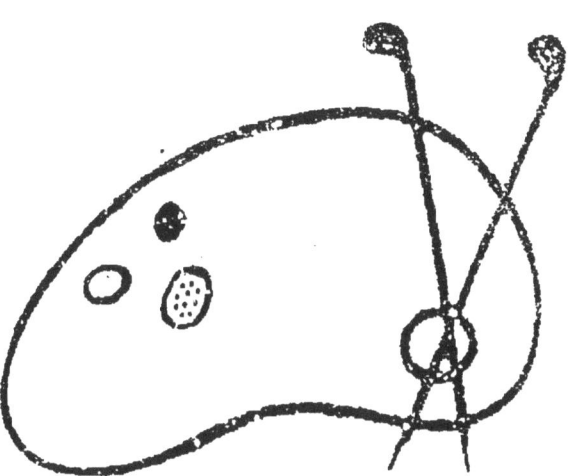

Couvertures supérieure et inférieure
en couleur

COLLECTION NOUVELLE A 2 FR. LE VOLUME

XAVIER DE MONTÉPIN

L'AGENT DE POLICE

AVEC GRAVURE

CONFESSION D'UN BOHÊME

V

PARIS
A. DEGORCE-CADOT, ÉDITEUR
70 bis RUE BONAPARTE, 70 bis.

EN TRÈS-GRANDE VOGUE

LA
BONNE · CUISINE
FRANÇAISE
MANUEL COMPLET

PAR

E. DUMONT

Fort volume de 674 pages

CARTONNAGE SOIGNÉ — DOS EN TOILE

PRIX : 3 FRANCS

FRANCO, FRANCE ET ÉTRANGER, 3 FR. 50.

PARIS
DEGORCE-CADOT, ÉDITEUR
70 BIS, RUE BONAPARTE.

L'AGENT DE POLICE

 OUVRAGES DU MÊME AUTEUR

Collection DEGORCE-CADOT, à 1 fr. 25 le volume.

Franco par la poste, 1 fr. 50.

	vol.
La Perle du Palais-Royal.	1
La Fille du maître d'école.	1
Le Compère Leroux.	1
Un Brelan de dames.	1
Les Valets de cœur.	1
Sœur Suzanne.	2
La Comtesse Marie.	2
L'Officier de fortune.	2
La Sirène.	1
Viveurs d'autrefois	1
Les Amours d'un fou	1
Pivoine.	1
Mignonne.	1
Geneviève Galliot.	1
Les Chevaliers du lansquenet	4
Les Viveurs de Paris	4
Les Viveurs de province.	3

Collection à 2 fr. le volume.

Par la poste, 2 fr. 25.

	vol.
Un Drame en famille, avec gravure	1
La Duchesse de La Tour-du-Pic, avec gravure	1
Mamzelle Mélie, avec gravure.	1
Un Amour de grande dame, avec gravure	1
L'Agent de police, avec gravure.	1
La Traite des Blanches, avec gravure	1

Coulommiers. — Typogr. A. PONSOT et P. BRODARD.

ŒUVRES DE XAVIER DE MONTÉPIN

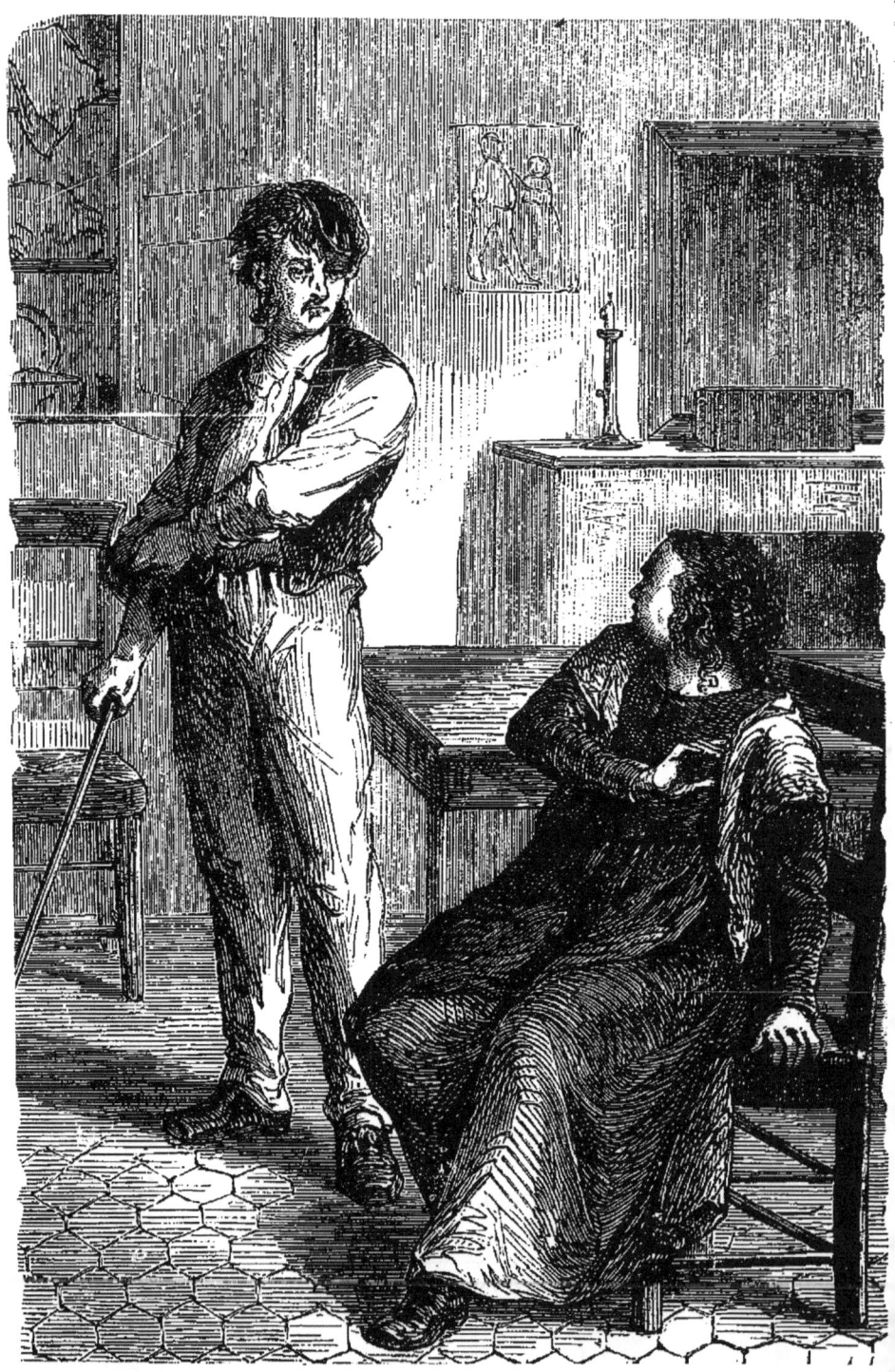

L'Agent de Police

XAVIER DE MONTÉPIN

L'AGENT DE POLICE

CONFESSIONS D'UN BOHÊME

PARIS

A. DEGORCE-CADOT, LIBRAIRE-ÉDITEUR

70 BIS, RUE BONAPARTE, 70 BIS

Tous droits expressément réservés.

L'AGENT DE POLICE

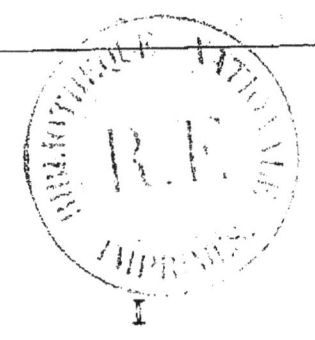

I

UN ARTICLE DE JOURNAL.

Dix ans environ après la catastrophe foudroyante qui termine la seconde partie de l'œuvre que nous avons commencée sous le titre général de *Confessions d'un Bohême* [1], — c'est-à-dire le 7 décembre 183., les gazettes judiciaires contenaient l'article suivant, reproduit dès le lendemain par tous les autres journaux de Paris :

---

1. I. *Un Drame en famille*, 1 vol. in-18.
   II. *La Duchesse de la Tour-du-Pic*, 1 vol. in-18.
   III. *Mam'zelle Mélie*, 1 vol. in-18.
   IV. *Un Amour de grande dame*, 1 vol. in-18.

« Un vol à main armée, vol d'un genre nouveau et d'une audace inouïe, prémédité et comsommé avec une habileté et une adresse sans égales, a été commis dans la nuit de vendredi à samedi.

« Tout le monde connaît le magnifique hôtel que possède M. le marquis de Laumesnil au faubourg Saint-Germain, vers le milieu de la rue de Varennes.

« Une vaste cour précède cet hôtel, derrière lequel s'étendent d'immenses et magnifiques jardins.

« Ces jardins sont entièrement clos par une muraille de dix-huit pieds de hauteur, dont le couronnement est revêtu dans toute son étendue de chevaux de frise.

« Pour ajouter encore à la sécurité que devait inspirer une aussi formidable barrière, l'habitude était, chaque soir, de lâcher dans le jardin deux chiens des Abruzzes, de la plus grande taille et d'une effrayante férocité.

« Ces farouches animaux, nourris exclusivement de viande de cheval, faisaient le guet jusqu'au matin.

« Certes, M. le marquis de Laumesnil, protégé par ces vigilants gardiens et entouré d'un nombreux domestique, devait se croire parfaitement en sûreté dans son hôtel.

« Il n'en a point été ainsi.

« Vendredi soir, M. le marquis rentra chez lui, comme de coutume, un peu avant minuit, et se mit au lit sur-le-champ.

« Son appartement, situé au centre du principal corps de logis et au premier étage, est composé d'une chambre à coucher, d'une bibliothèque et d'un cabinet de travail.

« Les deux fenêtres de la chambre à coucher donnent sur le jardin.

« Trois jours auparavant, M. de Laumesnil, ayant à effectuer un payement de quelque importance, avait fait vendre des coupons de rentes par son agent de change.

« Soixante-quatre mille francs, résultant de cette vente, se trouvaient renfermés, en billets de banque, dans un des tiroirs à secret d'un petit meuble de Boule placé dans la chambre à coucher, à côté de la cheminée.

« Aucun des domestiques de l'hôtel n'était au courant de cette particularité, et d'ailleurs cent fois déjà le tiroir à secret avait recélé des sommes bien autrement importantes.

« Il était environ deux heures et demie du

matin quand M. de Laumesnil fut réveillé par une vive sensation de froid.

« Il ouvrit les yeux et s'aperçut aussitôt que la clarté bleuâtre des rayons de la lune éclairait une partie de sa chambre.

« Or, il se souvenait parfaitement que les contrevents intérieurs avaient été fermés la veille au soir, au moment où il allait se mettre au lit.

« Donc la fenêtre était ouverte.

« Donc quelqu'un s'était introduit dans la chambre pendant le premier sommeil du marquis.

« M. de Laumesnil, ancien officier général et doué d'un courage dont il a donné des preuves sur tous les champs de bataille de l'Europe pendant les grandes guerres de l'Empire, se sentit malgré lui un peu ému.

« Il se souleva à demi, — écarta avec précaution les rideaux de son lit, et il regarda.

« Un homme de haute taille et qu'il ne voyait que par derrière s'occupait, avec un calme parfait et sans la moindre précipitation, à forcer les tiroirs du meuble de Boule.

« Le marquis fit un mouvement pour s'élancer à bas de son lit.

« Son intention était de saisir une des armes réunies en trophée dans l'un des panneaux de la boiserie et de faire justice lui-même de l'audacieux malfaiteur.

« Mais celui-ci s'était retourné avant même que M. de Laumesnil eût le temps de rejeter loin de lui sa couverture.

« D'un seul bond il se trouva à côté du lit, et il appuya sur le front du marquis le canon d'un pistolet de gros calibre en disant :

« — Monsieur le marquis, recouchez-vous et écoutez-moi, sinon vous êtes mort !...

« Il y a des situations dans la vie où l'homme, quel qu'il soit, ne peut que se taire et obéir.

« La situation de M. de Laumesnil était une de celles-là.

« Il laissa retomber sa tête sur l'oreiller et il attendit.

« Alors le voleur continua, mais sans éloigner son pistolet de la tempe du marquis :

« — Je n'ai pas besoin, monsieur, de vous dire ce que je fais chez vous...

« — En effet ! — murmura M. de Laumesnil — je m'en aperçois de reste !...

« L'inconnu poursuivit d'une voix très-basse, mais parfaitement accentuée et intelligible :

« — J'espérais, monsieur, conduire mon entreprise à bonne fin sans interrompre un seul ins-

1.

tant votre sommeil. Je m'étais trompé, et je déplore que vous m'ayez mis, en vous réveillant, dans la dure nécessité de vous proposer une alternative qui n'a rien d'agréable...

« Le voleur s'interrompit pendant un instant, comme s'il méditait les expressions dont il allait se servir.

« — Parlez ! fit M. de Laumesnil.

« — Avant toute chose, reprit l'inconnu, veuillez vous rendre bien compte de votre position actuelle. Vous êtes complétement à ma discrétion, monsieur le marquis. J'ai poussé les verrous intérieurs de la porte de votre chambre à coucher ; il ne tiendrait donc qu'à moi de vous brûler purement et simplement la cervelle, et avant que vos domestiques, mis en émoi par la détonation, eussent le temps d'accourir, j'aurais, moi, dix fois celui de me réfugier en lieu de sûreté. Mais je me hâte d'ajouter, monsieur, que je n'ai contre vous nul grief personnel, nul motif de haine ou de mauvais vouloir, que je suis prêt à respecter vos jours, et que je n'en veux qu'à votre argent...

« — Enfin, dit vivement le marquis, cette alternative dont vous me parliez tout à l'heure, quelle est-elle ?...

« — Chut!... Mais chut donc!... dit sourdement le voleur. Parlez plus bas, je vous en conjure, vous êtes affreusement compromettant...

« Puis il continua :

« — Cette alternative, la voici : C'est d'abord de recevoir une balle dans la tête, si vous dites un mot, si vous poussez un cri, si vous faites un geste de menace, si vous étendez la main vers ce cordon de sonnette que j'aperçois là, entre vos rideaux...

« — Et ensuite? murmura M. de Laumesnil.

« — Ah! ensuite, répondit le voleur, c'est beaucoup plus simple, plus facile et plus doux! Il ne s'agit que de me donner votre parole d'honneur — vous entendez, monsieur le marquis? votre parole de vieux soldat — que, d'ici à cinq minutes, vous resterez immobile et muet comme si vous étiez mort, me laissant la liberté d'agir dans votre chambre à ma fantaisie pendant ce temps.

« — Cinq minutes?... répéta le marquis.

« — Pas davantage.

« — Et, durant ces cinq minutes, que ferez-vous?...

« — Vous le savez aussi bien que moi, pardieu! J'achèverai de forcer ce petit meuble et je vous volerai ce qu'il contient.

« M. de Laumesnil sourit du bout des dents.

« — En vérité ! murmura-t-il, ma position est originale !...

« — N'est-ce pas ?

« — Mais il est dur, vous en conviendrez, monsieur le voleur, de se voir ainsi dépouiller sans mot dire et sans même pouvoir faire une tentative pour l'empêcher.

« — Oh ! quant à cela, monsieur le marquis, je suis entièrement de votre avis. Mais que voulez-vous ? C'est à prendre ou à laisser ! Convenez aussi que c'est un peu votre faute. Pourquoi diable vous réveiller ? J'allais avoir fini !...

« Il y eut un moment de silence.

« — Voyons, continua le voleur, décidez-vous, monsieur le marquis ? Il s'agit de choisir entre une balle à recevoir ou une parole à donner ; seulement, hâtez-vous, je vous prie, car mon temps est précieux...

« Et, tandis que l'étrange interlocuteur de M. de Laumesnil parlait ainsi, le canon du pistolet se rapprochait de plus en plus de la tempe.

« Il n'y avait pas à hésiter.

« — Je ferai ce que vous voudrez... balbutia le marquis.

« — Ainsi, pendant cinq minutes, vous serez immobile et muet comme un mort ?

« — Oui.

« — Vous ne pousserez pas un cri, vous ne ferez ni un geste de menace ni un mouvement d'appel ?

« — Non.

« — Vous me le jurez sur votre foi de gentilhomme et sur votre honneur de soldat ?

« — Je vous le jure sur ma foi de gentilhomme et sur mon honneur de soldat.

« Le bandit désarma tout aussitôt son pistolet et le remit dans sa poche, et il ajouta, en s'approchant de la pendule posée sur la cheminée et en regardant les aiguilles à la faible lueur de la lune :

« — Il est trois heures moins un quart ; — jusqu'à trois heures moins dix minutes, je suis le maître chez vous...

« Ensuite il reprit les outils qu'il avait abandonnés pendant un instant et il se remit à l'œuvre.

« Au bout d'un peu moins de trois minutes, le tiroir céda.

« Le voleur bourra ses poches de billets de banque, — regarda de nouveau la pendule, — et dit à M. de Laumesnil :

« — Monsieur le marquis, j'ai encore deux minutes et demie : — je compte entièrement sur votre loyauté.

« Puis il s'approcha de la fenêtre et disparut.

« Le marquis sauta hors de son lit et courut à son tour à la pendule.

« A peine la dernière minute s'était-elle écoulée, le déliant de son serment, qu'il appela à l'aide de toutes les forces de sa voix et qu'il agita toutes les sonnettes.

« On accourut.

« Mais il était trop tard.

« Les perquisitions faites dans le jardin n'amenèrent aucun résultat. La terre, durcie par la gelée, ne gardait nulle empreinte de pas.

« Les deux chiens des Abruzzes gisaient empoisonnés tout auprès de la partie la plus reculée du mur d'enceinte.

« Le signalement du voleur, tel que M. de Laumesnil a pu le donner, est celui-ci :

« *Taille très-haute : six pieds au moins.*

« *Épaules herculéennes.*

« *Cheveux courts.*

« *Le visage était enduit d'une teinte noire qui ne permettait point d'en distinguer les traits.*

« *Voix grasseyante ; accent parisien.*

« *Une large blouse bleue ou verte.*

« *Un pantalon de même étoffe.* »

« De tels indices sont assurément bien faibles ; cependant il est hors de doute que le crime hardi que nous venons de signaler ne restera point impuni.

« La justice informe.

« La préfecture de police a mis en quête ses plus adroits limiers. Le succès récompensera leurs efforts.

« Nous tiendrons nos lecteurs au courant. »

Ainsi finissait l'article de journal qui préoccupa au plus haut point, pendant quelques jours, l'attention et la curiosité des Parisiens.

II

MADAME BRUTUS.

Nous l'avons dit dans le cinquième volume du *Vicomte Raphaël*, ce sont les bas-fonds de Paris que nous allons fouiller dans le livre que nous commençons aujourd'hui. D'avance nous demandons pardon aux lecteurs des *Oiseaux de Nuit* de la trivialité de certaines scènes, de la crudité de quelques autres, et de l'horreur qui s'attachera plus d'une fois aux lieux que nous aurons à décrire et aux personnages que nous mettrons en scène.

Nous pourrions nous appuyer pour notre justification sur des précédents illustres; mais à quoi bon?

Que ceux qui ne voudront pas nous lire ferment ce volume et que tout soit dit.

§

A l'époque où se passent les faits dont nous sommes l'historien, il y avait, au milieu des boues permanentes du quartier Saint-Marcel, une abominable impasse, étroite et infecte, véritable coupe-gorge bordé à droite et à gauche par des maisons noires et décrépites, à murailles crevassées et à fenêtres chassieuses.

Cette impasse avait reçu, nous ne savons pourquoi, l'appellation sinistre de *cul-de-sac-Étrangle-Dieu*.

Même en plein jour, des ténèbres crépusculaires obscurcissaient le cul-de-sac.

Dans les plus fortes chaleurs de l'été, une sorte de brouillard fétide s'exhalait des pavés disjoints et fangeux.

Au milieu de cette ruelle sans issue se voyait une porte bâtarde, autrefois peinte en rouge.

Sur le couronnement de cette porte on lisait en lettres noires, presque effacées, ces quatre mots :

AUX OISEAUX DE NUIT.

A droite et à gauche de l'inscription, comme pour la commenter, un hibou et une chouette avaient été cloués par les ailes et par les pattes.

Chouette et hibou tombaient en lambeaux.

Dès six heures du soir en été, dès trois heures en hiver, une petite lanterne, suspendue au-dessus de la porte, servait à la faire reconnaître.

Cette lanterne brillait jusqu'au matin, comme un phare de mauvais augure.

La porte était toujours ouverte.

Derrière elle s'ouvrait une allée.

Cette allée conduisait à un cabaret dans lequel nous allons pénétrer avec ceux de nos lecteurs qui se sentiront le courage de nous suivre.

Une salle assez large, très-basse, et dont les murailles, blanchies à la chaux tous les ans, se trouvaient redevenues noires quinze jours après ce rebadigeonnement, était l'asile peu luxueux offert aux buveurs et aux fumeurs fidèles habitués des *Oiseaux de Nuit*.

De petites tables, entourées de bancs de bois, occupaient la presque totalité de la pièce.

Les tables et les bancs étaient scellés dans le sol, afin de ne point pouvoir servir d'armes offensives ou défensives dans les rixes assez fréquentes en un pareil endroit.

Sur chacune de ces tables des gobelets de fer étaient assujettis par de petites chaînettes du même métal, ce qui constituait une précaution anodine dont personne ne songeait à s'offenser.

Le comptoir du marchand de vin occupait l'un des angles de la pièce.

A ce comptoir trônait d'une façon triomphante la maîtresse du lieu, madame veuve Brutus, dont le mari défunt avait été jadis un fougueux sans-culotte et un massacreur véritablement hors ligne.

L'ex-citoyenne avait à peu près soixante ans; elle jouissait d'une taille de tambour-major, d'une vigueur de fort de la halle, d'une figure homasse, colorée de tons d'un violet foncé et d'un rouge brique, et illustrée çà et là de plantureux bouquets de poils gris.

Tout ceci ne l'empêchait point de parler avec un attendrissement bien senti des nombreuses amours de sa verte jeunesse et des succès flatteurs qu'elle avait obtenus en figurant sur un char civique la déesse de la Liberté, coiffée du bonnet phrygien et décolletée jusqu'à la cheville.

Oh! quand la citoyenne Brutus avait bu quelques petits verres de sa bonne vieille anisette (l'excellente femme adorait les liqueurs douces), c'était plaisir de la voir essuyant deux ou trois larmes qui roulaient sur le bout de son nez cramoisi au touchant ressouvenir des tendresses de son printemps. — Alors elle appuyait sa puissante main sur son cœur autrefois si large et si facile, et elle déroulait toute une odyssée égrillarde dans laquelle feu son citoyen Brutus ne jouait qu'un très-petit rôle.

— Ah! j'étais une rude gaillarde! ne manquait-elle jamais de s'écrier en terminant, et j'ai fait de crânes bamboches!...

Et tout en parlant ainsi, elle enfonçait d'un air tapageur son bonnet de police du côté de l'oreille droite.

Nous disons *bonnet de police*, et nous le disons à dessein, car la veuve avait adopté cette coiffure d'un nouveau genre pour en couvrir sa tête, dont les cheveux, jadis très-noirs, aujourd'hui presque blancs, étaient coupés à la Titus.

Ajoutez à cela un casaquin rouge, s'ajustant sur un jupon de laine tricotée, et vous aurez une idée exacte de l'étrange accoutrement de la ci-devant déesse.

Par économie, madame veuve Brutus n'avait jamais voulu prendre de garçon. Elle suffisait à tout dans son établissement et elle servait elle-même aux habitués le vin, l'eau-de-vie et le tabac, le tout à des prix d'un bon marché fabuleux, qui ne se pouvait expliquer que par l'exécrable qualité des matières premières et par les innombrables falsifications que l'adroite cabaretière leur avait fait subir, avant de les livrer à la consommation.

Les uns disaient que la veuve Brutus ne faisait point fortune.

Les autres affirmaient qu'elle avait quelque part un fort joli magot et que, quand elle se retirerait des affaires, elle jouirait d'une honnête aisance, malhonnêtement gagnée.

Nous ne savons que décider à cet égard.

§

Il était neuf heures du soir.

Deux quinquets fumeux s'efforçaient de combattre les ténèbres opaques du bouge que nous venons de décrire.

Leur flamme vacillante s'étiolait sous l'épaisse vapeur s'échappant des fourneaux d'une douzaine de pipes.

Un individu en blouse, debout et placé le plus près possible de la lumière de l'un des quinquets, tenait un journal frippé et sali, et il en lisait à haute voix l'un des articles.

Tout le monde semblait profondément attentionné.

Madame veuve Brutus surtout, assise à son comptoir, appuyée sur son coude et la tête en avant, écoutait avec un intérêt manifeste.

L'article en question était précisément celui que nous avons reproduit dans le premier chapitre de ce volume.

Quand le lecteur eut achevé, il se fit autour des tables du cabaret un petit murmure de sympathie et d'admiration.

On eût dit une compagnie de grenadiers de la vieille garde venant d'écouter le bulletin glorieux de l'une des victoires de la grande armée.

— Ah! s'écria l'un des assistants dès que se fut éteint le murmure flatteur dont nous venons de parler, parlez-moi de ça!... Voilà un rude lapin!... Voilà un luron du premier numéro!...

— Le fait est, dit la veuve Brutus, qu'on peut dire que c'est une affaire joliment conduite!...

— Nom d'une pipe! reprit le premier interlocuteur, on travaillerait avec ce particulier-là rien que pour le plaisir!... J'aurais donné je ne sais pas quoi pour voir la bonne tête que devait faire ce vieux richard de marquis, tandis qu'on empochait son quibus...

— Brave homme tout de même, dit quelqu'un, et qui n'a pas crié avant la fin des cinq minutes!...

— Tiens! grommela la veuve Brutus, il n'a fait que son devoir, ce ci-devant!... On doit des égards au mérite!... Feu mon citoyen Brutus disait toujours que les braves professent les uns envers les autres un respect réciproque et une estime inviolable...

— Il faut convenir aussi, dit l'individu qui avait fait la lecture du journal, que le lopin valait la peine de tenter un coup hardi! Soixante-quatre mille francs! c'est un joli denier, savez-vous?...

— Parbleu! je le crois bien! s'écrièrent deux ou trois voix.

— J'en aurais bien fait autant, hasarda un petit jeune homme, pâle et maigre, vêtu d'un vieil habit noir en lambeaux.

— Toi, Passedrille!... reprit celui des assistants qui avait parlé le premier, en toisant d'un air dédaigneux le petit jeune homme. Tu n'es pas seulement bon à dénicher un foulard dans la *profonde* d'un provincial!...

Puis, après cette foudroyante apostrophe, il continua :

— Doivent-ils se donner assez de mouvement à la rue de Jérusalem?... Bien sûr que, comme dit le journal, tous les limiers sont en quête!...

— Bah! répondit quelqu'un, ils ne trouveront rien, le gaillard se sera poussé de l'air...

— Qui ça peut-il bien être? demanda la veuve Brutus, avec une curiosité naturelle ou tout au moins bien jouée.

— Ma foi! répliqua le lecteur, le signalement ne dit pas grand'chose. C'est une selle à tous chevaux. Il y a *Muscade* qui a cinq pieds neuf pouces, mais il est trop bête. Il y a *Jambe d'argent* qui a six pieds, mais il est trop brutal. Il y a *le Sanglier* qui a six pieds un pouce, mais il ne peut pas dire quatre paroles de suite. Je ne connais qu'un seul individu qui soit capable de jouer aussi serré et de gagner la partie, et vous le connaissez aussi bien que moi, maman Brutus; mais il est bien loin de Paris pour le quart d'heure, c'est...

— Chut! fit vivement la veuve en mettant un doigt sur sa bouche, chut! ne nommons personne!... les murs ont des oreilles!...

En ce moment deux nouveaux personnages entrèrent dans le cabaret.

III

DEUX PORTRAITS.

Il se fit un moment de silence général.

Puis, comme les arrivants n'étaient point des inconnus, la conversation redevint aussitôt générale.

Seulement elle changea d'objet et il ne fut plus question de l'exploit tant apprécié du voleur anonyme.

Les nouveaux venus n'avaient point fait route ensemble, et le hasard seul les réunissait à la porte du cabaret des *Oiseaux de Nuit*.

Le premier d'entre eux était un homme d'une taille élevée et d'un âge indéfinissable.

Il pouvait n'avoir que trente ans. Il pouvait en avoir cinquante.

Son visage, sur lequel on démêlait encore les restes d'une grande beauté, était pâle, flétri, et en quelque sorte ravagé.

Ces flétrissures pouvaient être le résultat de vices honteux, aussi bien que celui de profondes douleurs.

A coup sûr cet homme avait usé et abusé de toutes les joies de la vie, ou bien il avait beaucoup souffert.

A coup sûr aussi, le milieu dans lequel il se trouvait en ce moment n'était point celui où il avait été appelé à vivre.

Le cercle bleuâtre et marbré qui se dessinait autour de ses yeux attestait les veilles de l'orgie ou les veilles des larmes.

Un pli permanent se creusait entre ses sourcils et assombrissait l'expression de sa physionomie.

Par instants ses lèvres ébauchaient un sourire amer.

Des cheveux d'un noir bleuâtre, semés de fils d'argent et naturellement bouclés, ombrageaient le front large et pensif de cet inconnu.

Depuis quelques jours le rasoir ne s'était point approché de sa barbe.

Ses mains étaient blanches et fines.

Il portait une casquette de drap bleu et une blouse d'ouvrier qui recouvrait une veste ronde.

Son mauvais pantalon était troué en plus d'un endroit, et la boue mouchetait ses souliers de gros cuir, à semelles épaisses semées de clous énormes.

En passant devant le comptoir il fit à madame veuve Brutus un léger signe de la main.

La digne femme répondit à ce salut presque amical en se soulevant sur les coussins de velours d'Utrecht, jadis rouge, du fauteuil antique dans lequel s'étalait sa rotondité imposante.

Elle ébaucha une révérence, et un sourire de bienvenue vint desserrer ses lèvres violacées.

Ce sourire et cette révérence étaient des gages non équivoques d'une haute sympathie et d'une profonde considération.

L'inconnu traversa le cabaret dans toute sa longueur.

Il effectua ce trajet sans adresser la parole à qui que ce soit.

Il alla s'asseoir dans un angle où une place paraissait lui être réservée.

Il tira de la poche de sa veste une courte pipe noire et un petit paquet de tabac.

Avec le contenu de l'un il bourra l'autre.

Puis, ayant battu le briquet et allumé sa pipe, il renversa sa tête en arrière, l'appuyant à la muraille nue et dégradée avec autant d'abandon que si les moelleux oreillers d'un confortable divan se fussent trouvés à la place de cette muraille, et il s'enveloppa dans un nuage de vapeur, plongé, en apparence du moins, dans la rêverie extatique d'un pacha turc ou d'un Flamand buveur de bière.

Madame veuve Brutus troubla cette extase.

— Eh! m'sieu Robert!... cria-t-elle d'une voix de fausset, au bout d'une demi-minute.

— Qu'est-ce que vous me voulez? demanda le personnage ainsi interpellé.

— Que faut-il vous servir, ce soir?

— Comme à l'ordinaire.

— Suffit.

Et la cabaretière, — quittant son comptoir avec une agilité surprenante, — alla poser devant M. Robert une petite mesure d'étain remplie d'un breuvage alcoolique qu'elle baptisait du nom d'eau-de-vie, mais dont une analyse chimique aurait eu beaucoup de peine à désigner la véritable nature.

— Vieux cognac tout pur!... dit-elle avec un nouveau sourire. — Goûtez-moi ça, m'sieu Robert, et vous m'en direz des nouvelles!... Un vrai velours sur l'estomac!... Aussi vrai que j'ai été déesse de la Liberté, du temps de l'*Une et Indivisible*, et même que je faisais sur le char patriotique un effet assez soigné, c'est tout ce qui se fabrique de mieux en fait de véritable cognac, chez les plus forts distillateurs de Paris et de la Villette!...

M. Robert ne répondit rien.

Madame Brutus termina par une seconde révérence le déluge de paroles que nous venons de reproduire, et regagna en sautillant le fauteuil déjà décrit qui lui servait de trône.

Au moment où elle allait l'atteindre, elle se trouva face à face avec le deuxième individu qui était entré dans le cabaret en même temps que M. Robert.

Le sourire s'éteignit tout aussitôt sur les lèvres de la matrone, et un éclair vint flamboyer dans ses petits yeux vairons.

Ses narines se contractèrent et elle se campa, le poing sur la hanche, dans une attitude belliqueuse.

— Encore vous!... mauvaise pratique!... murmura-t-elle d'une voix gutturale et courroucée, bien différente de son agréable diapason de tout à l'heure.

— Oui, maman Brutus!... encore et toujours!... répondit cavalièrement le nouveau venu, en prenant d'un air leste et dégagé la taille massive de la cabaretière, sans paraître s'inquiéter davantage de la colère menaçante empreinte sur son visage.

Ce nouveau venu avait vingt-cinq ou vingt-six ans tout au plus.

Il aurait pu passer pour un fort joli garçon, sans le débraillé ultra-cynique de son accoutrement et la précoce flétrissure de sa physionomie.

Figure et costume tenaient du bohême du dernier étage, de l'étudiant et du bandit.

La figure était d'une pâleur mate, marquée par endroits de taches violacées.

Les yeux, très-grands et très-expressifs, d'un bleu clair et froid comme celui de l'acier, brillaient d'une flamme étrange et intermittente sous des paupières rougies et gonflées.

L'expression habituelle du regard devait être grave et réfléchie; à coup sûr ce regard se forçait pour sembler joyeux.

Des cheveux mal tenus et en désordre, mais d'une finesse extrême et d'un blond pâle et charmant, couronnaient un front large et déjà sillonné de ces rides profondes que les passions creusent avant l'âge.

De longues moustaches blondes encadraient les coins d'une bouche petite et bien dessinée, mais dont la lèvre inférieure, un peu saillante, dénotait des appétits sensuels développés outre mesure.

Voilà pour la physionomie.

Le costume se formulait ainsi :

Une sorte de béret basque, en laine écarlate, souillé par un trop long usage et pourvu d'un gland volumineux, se penchait tellement vers l'oreille droite, qu'il semblait ne pouvoir tenir sur la tête que par un prodige d'équilibre, et donnait à son propriétaire un air batailleur et fanfaron.

Autour d'un col de chemise outrageusement fripé et d'une nuance au moins douteuse, se nouait une cravate ou plutôt une corde d'une étoffe et d'une couleur indéfinissables, dont les bouts déchiquetés flottaient au hasard sur la poitrine.

Pas de gilet.

Une redingote verte achetée au Temple, où bien certainement elle n'était arrivée que de quatrième ou de cinquième main.

Des boutons de cette redingote il ne restait que les capsules béantes et recoquillées.

Le collet était luisant comme s'il venait de recevoir une couche de vernis.

Les coudes se gerçaient et laissaient s'échapper des flocons de ouate.

Quant au pantalon, nous n'en parlerons pas, ou du moins nous n'en parlerons guère.

Il aurait eu besoin, en plus d'un endroit, de cette feuille du Missel que Gresset applique si plaisamment au fond de la culotte de l'enfant de chœur de son *Lutrin*.

L'aspect seul de cette *inexpressible* eût, à bon droit, effarouché la susceptibilité pudique d'une sentimentale et vaporeuse fille de la brumeuse Albion.

Les bottes étaient comme le couteau de Jeannot.

Elles avaient changé si souvent de semelles et si souvent de tiges, qu'elles avaient fini par ne presque plus exister.

Comment quelques lambeaux de cuir, crevassés de toutes parts et sans adhérence visible entre eux, pouvaient-ils ne point abandonner à chaque pas les pieds qu'ils étaient sensés chausser?

Là est le problème.

Ce problème, nous ne nous chargerons point de le résoudre, et pour cause.

Eh bien! qui le croirait? tous ces haillons et toutes ces guenilles étaient portés avec une certaine crânerie qui les rehaussait.

Dans cette misère, insoucieuse de s'étaler au grand jour, il y avait une sorte d'originalité.

Évidemment cette enveloppe incorrecte renfermait autant de vices que la boîte de Pandore contenait autrefois de fléaux.

Mais ces vices s'étalaient avec cette désinvolture cavalière qui nous charme dans le récit des aventures des Gusman d'Alfarache et des Lazarille de Tormes.

Le jeune homme dont nous venons d'ébaucher le portrait en pied pouvait être (qu'on nous passe cette expression un peu crue), pouvait être une *franche canaille,* mais il ne devait point être méchant, et l'on aurait pu, sans trembler pour sa bourse, le rencontrer au coin d'un bois.

Tel était le personnage que nous avons démontré plus haut, affrontant l'orageuse loquacité de madame veuve Brutus, et lui prenant la taille avec un courage héroïque.

Qui le croirait?

Ce procédé galant ne sembla nullement adoucir l'humeur acariâtre de la mégère, humeur qui se manifesta surabondamment dans la scène à laquelle nous allons faire assister nos lecteurs, si toutefois ils veulent bien se donner la peine de lire le chapitre suivant.

IV

LA RONDE.

— Voyons, maman Brutus, soyons gentille et ne mécanisons pas notre bon ami Narcisse !... murmura le jeune homme d'une voix câline à l'oreille de son hôtesse.

— A bas les pattes, donc !... grogna cette dernière d'un ton rogue ; je ne badine point avec les mauvaises payes comme vous.

Et la grosse femme accompagna ces paroles d'un coup sec frappé avec ses doigts sur chacun des bras du jeune homme.

— Maman Brutus, reprit l'interlocuteur de l'hôtesse des *Oiseaux de nuit*, l'Hyrcanie a nourri des tigresses moins farouches que vous !...

— C'est comme ça !

— Maman Brutus, écoutez-moi...

— Ça n'est pas la peine.

— Je vous estime...

— Quéque ça me fait ?...

— Je vous aime....

— Quéque ça me rapporte?

— Maman Brutus, ça vous rapportera plus tard.

— Quand?

— Bientôt.

— Laissez-moi donc tranquille avec votre *bientôt*... On sait ce que ça veut dire !... on connaît vos couleurs !...

— Maman Brutus, croyez-moi...

— Oui, la semaine des quatre jeudis !...

— Maman Brutus, vous me brutalisez !...

— Pourquoi donc que je me gênerais ?...

— Le motif de votre colère est mesquin !...

— Voyez-vous ça !...

— Je vous dois de l'argent...

— Parbleu !...

— Pas beaucoup.

— Trop! dix-sept francs !...

— Une bagatelle.

— Payez-la donc !

— J'y compte bien.

— Oui, mais que ce soit tout de suite.

— Un peu de patience...

— Je n'en ai plus ! Voilà trois mois que vous me faites aller !

— Sans doute, mais quand vous saurez ce qui me reste à vous dire...

— Eh bien ?

— Eh bien ! vous redeviendrez douce comme un petit mouton...

— Par exemple ! c'est un peu fort !

— Attendez, maman Brutus, attendez ! Vous vous figurez, parce que je ne vous paye pas, que je suis un mauvais débiteur...

— Dame !

— Justement, c'est ce qui vous trompe.

— Comment ?

— J'ai des ressources.

— Lesquelles ?

— J'ai fait un drame...

— Qu'est-ce que c'est que ça ?

— C'est une pièce de théâtre.

— Comme on joue à l'*Ambégu* et aux *Fumenambules?*

— Précisément

— Tiens ! tiens ! tiens !

— Je l'ai fait recevoir par un directeur.

3

— Celui de l'*Odéion*, peut-être bien !...

— Non, maman Brutus, celui de Bobino.

— Après ?

— Vous comprenez que quand on le jouera, ce drame, j'aurai de l'argent, beaucoup d'argent, et que je vous en donnerai aussitôt, sans compter les billets de spectacle, dont je ne serai point avare à votre endroit...

— Eh bien ! monsieur Narcisse, quand j'aurai vu la couleur de votre monnaie, nous redeviendrons bons amis...

— Mais jusque-là ?

— Jusque-là, nisco !

— Ah ! maman Brutus, un tout petit crédit...

— *Va-t'en voir s'ils viennent, Jean !...* fredonna la cabaretière.

— Un peu de votre merveilleuse eau-de-vie et de votre excellent tabac...

— Pas seulement ce qui ferait mal dans l'œil d'une puce !...

— Réfléchissez donc que depuis trois mortels jours ma pipe est froide et mon gosier brûle !...

— Tant pis pour vous.

— Réfléchissez donc que je vais faire la fortune de votre établissement...

— Vous ?

— Moi-même. Savez-vous quel est le titre de ma pièce ?

— Non.

— C'est celui qui est écrit en belles majuscules au-dessus de votre porte...

— *Les Oiseaux de nuit ?*

— Juste.

— Tiens ! fit madame Brutus, c'est donc une chouette et un hibou qui seront les acteurs ? Ça sera drôle !... Comment donc qu'ils apprendront leur rôle, ces pauvres animaux?

— Maman Brutus, vous prenez au propre ce que je vous dis au figuré... De là votre erreur...

— Monsieur Narcisse, je ne vous ai pas dit qu'ils auraient la figure propre, vos cabotins... Vous prenez ça sous votre bonnet.

Narcisse ne put s'empêcher de rire de ce grotesque quiproquo de la matrone.

Puis il continua :

— Entendons-nous, si c'est possible... Mes *Oiseaux de nuit* sont des personnages comme vous et moi...

— Avec des plumes?

— Eh ! non... s'écria le jeune homme avec impatience.

— Alors, qu'est-ce que ça signifie?

— Ça signifie, ça signifie... Mais, tenez, il me vient une idée, et une fameuse... Ça vous expliquera la chose en deux temps et trois mouvements.

Narcisse se décoiffa de son béret rouge.

Il le plaça sur une chaise, au milieu du bouge.

Il s'installa derrière cette chaise, debout et le torse cambré, et il déclama avec les intonations fausses et ampoulées particulières aux charlatans et aux chanteurs des rues qui débitent leur *boniment* :

— « Messieurs et dames et toutes personnes qui font partie de l'honorable assistance, y compris messieurs les militaires et messieurs les enfants au-dessus de deux mois et demi, je vais avoir l'honneur de vous chanter la grande ronde du grand drame des *Oiseaux de nuit*, paroles et musique d'un jeune artiste d'un talent vraiment prodigieux, et dont une modestie bien naturelle m'empêche de vous faire l'éloge, attendu que ce jeune artiste n'est autre que moi-même!...

« Messieurs et dames, ceux qui seront satisfaits mettront ce qu'ils voudront dans le couvre-chef du chanteur.....

« Ceux qui ne seront pas contents ne mettront

rien... ce qui place la chose à la portée de toutes les bourses... »

Un silence général s'établit.

On eût entendu voler une mouche.

Narcisse reprit, mais cette fois de sa voix naturelle :

« — Il faut vous dire que le théâtre représente un cabaret dans le genre de celui-ci, embelli par toutes sortes de chenapans qui boivent de l'eau-de-vie à indiscrétion et fument des bouffardes culottées.

« Tout à coup arrive un personnage qui s'appelle Bolivar, attendu qu'il en porte un. (Passez-moi le jeu de mot.)

« Ce Bolivar a une belle voix.

« Les chenapans et autres gredins du cabaret s'empressent autour de lui et lui disent :

« — Bolivar, toi qui as une si belle voix, chante-nous donc quelque chose ?...

« Ça se pratique comme ça dans les pièces.

« Ce à quoi Bolivar répond :

« — Comment donc, mes amis, mais avec plaisir !...

« Ça se pratique aussi comme ça dans les pièces.

« Seulement Bolivar ajoute :

« — Soignez la ritournelle et chauffez le refrain en chœur !...

« — Sois tranquille !... — répond l'assistance.

« Le chef d'orchestre donne son coup d'archet, et Bolivar commence, après s'être mouché et avoir crié :

« — Attention !... Premier couplet :

> « Quand le soleil s'efface,
> Emportant sa clarté,
> La nuit vient dans l'espace,
> Et prend la royauté !...
> Le bon bourgeois sommeille,
> Silence !... il est minuit !...
> C'est alors que s'éveille
> Le vrai fils de la nuit !...

« L'assistance reprend en chœur les deux derniers vers, avec l'accompagnement obligé de cymbales, de grosses caisses, de tam-tam et de cornet à piston, et Bolivar poursuit :

> « Le voleur téméraire
> Sort de son gîte obscur...
> Le rôdeur de barrière
> S'embusque au coin d'un mur !...
> Le joueur est fidèle
> Au hasard qu'il poursuit !...
> Voilà ceux que j'appelle
> Les vrais *Oiseaux de nuit !*

« Reprise obligée. Brouhaha à l'orchestre.

Applaudissements au parterre, et troisième couplet :

> « Quand les maris tranquilles
> Dorment d'un lourd sommeil,
> Les amants plus agiles
> Se moquent du soleil !
> Chacun prend son échelle
> Et l'amour le conduit !...
> Voilà ceux que j'appelle
> Les vrais *Oiseaux de nuit !*

« Ici les femmes jouent de l'éventail. Les maris font la moue et se grattent le front, et les amants qui sont dans la salle crient : *Bravo !* de toute la force de leurs poumons.

« Bolivar, enchanté de l'effet qu'il produit, continue avec redoublement d'ardeur :

> « Le recéleur, dans l'ombre,
> Allume un feu d'enfer...
> Bientôt, l'or va se fondre
> Dans son creuset de fer.
> Le métal étincelle,
> Le lingot se durcit !
> Voilà ceux que j'appelle
> Les vrais *Oiseaux de nuit !* »

V

TROIS SOUS POUR SEPT COUPLETS.

Le chanteur s'interrompit pendant un instant.

— Tiens ! c'est assez mignon !... fit madame veuve Brutus un peu radoucie.

— Je n'ai pas fini, répondit Narcisse..

— Alors, poursuivit la matrone, ne nous laissez pas comme ça en plan !... Vous n'êtes point *poumonique*, vous pouvez bien nous dégoiser votre complainte jusqu'à la fin...

— Ma complainte !... murmura Narcisse intérieurement. La malheureuse appelle ça une complainte !...

Et, blessé dans son amour-propre d'auteur, il se serait volontiers arrêté.

Mais un regard furtif jeté du côté du comptoir

sur lequel s'étalaient bien en évidence les objets de sa convoitise, de beaux carafons remplis d'une eau-de-vie couleur d'ambre et de jolis paquets de tabac, le ramena au sentiment de sa situation.

Les appétits du buveur et du fumeur imposèrent silence aux irascibilités du poëte.

Narcisse se remit en position et toussa pour s'éclaircir la voix.

Puis il continua :

> « Dans chaque rue obscure,
> Fantôme à demi nu,
> Quelque fille murmure
> Un langage inconnu...
> Sa caresse est mortelle,
> Malheur à qui la suit!...
> Voilà ceux que j'appelle
> Les vrais *Oiseaux de nuit!*

— Oh! oh!... interrompit la veuve Brutus en riant d'un gros rire, si ces demoiselles du quartier vous entendaient, les pauvres biches, elles vous arracheraient les yeux!... Vous faites tort à leur industrie, monsieur Narcisse!...

Le jeune homme ne répondit rien à cette critique intempestive, qui soulevait parmi les habitués du cabaret une hilarité bruyante.

Il se contenta de protester intérieurement.

Et il reprit :

> « L'homme de la police,
> Bravant l'obscurité,
> Quand il fait nuit, se glisse
> A travers la cité !...
> Prudente sentinelle,
> Il passe à petit bruit...
> Voilà ceux que j'appelle
> Les vrais *Oiseaux de nuit!*

— Qui est-ce qui parle de la police?... balbutia avec un effroi manifeste un buveur à moitié gris.

— Personne, répondit une voix.

— Si la police est ici... continua l'ivrogne se cramponnant à son idée, fichez le feu à la baraque et filons!...

— Chut!... mais chut donc!... crièrent tous les habitués du cabaret, et la veuve Brutus elle-même fit chorus avec eux.

L'ivrogne se tut.

Narcisse poursuivit :

— Septième et dernier couplet!

Puis il chanta le dernier couplet.

Une sorte de grognement flatteur succéda dans l'auditoire au dernier mot de la ronde et à la dernière note échappée du gosier quelque peu rauque de Narcisse.

Ce grognement fit à l'oreille du jeune homme

l'effet des bravos *enthousiastes* de tout un public idolâtre. (Style de feuilletonnistes du *Corsaire.*)

Il se crut transporté par avance au beau soir de la premièrere présentation de son œuvre.

Ce séduisant mirage ne lui fit cependant point perdre de vue la rigoureuse réalité.

Il se tourna d'abord vers son hôtesse et lui dit :

— Maintenant, maman Brutus, vous ne me demanderez plus si mes *Oiseaux de nuit* sont emplumés comme les vôtres ?...

— Non, mon fiston, lui répondit la cabaretière avec une physionomie dont toutes les tempêtes avaient disparu pour céder la place au beau temps.

Narcisse sentit son cœur s'épanouir.

Le sourire de madame Brutus déroulait devant lui les horizons magiques d'un nouveau crédit prêt à s'ouvrir.

Or, il est prouvé qu'en matière commerciale un à-compte donné à propos aplanit merveilleusement les voies pour une nouvelle affaire à conclure.

Narcisse voulut offrir cet à-compte.

En conséquence, il reprit le béret rouge que nous l'avons vu précédemment déposer sur une chaise.

D'un coup de poing il lui donna, à peu de chose près, la forme d'un petit sac de quêteuse.

Puis, tenant de la main gauche cette bourse improvisée et de la droite lissant sa moustache blonde, il fit successivement le tour de toutes les tables du cabaret en répétant devant chaque buveur :

— Si l'honorable assistance est contente, qu'elle n'oublie pas le chanteur...

Cette recommandation ne fut point sans résultat.

Le public du cabaret des *Oiseaux de nuit* se montra généreux et ami des beaux-arts.

Narcisse recueillit trois sous.

Vu le lieu et l'état normal des finances de ses habitués, c'était monumental.

Après la mauvaise réception qui lui avait été faite par maman Brutus au moment de son arrivée, Narcisse aurait pu empêcher la recette et sortir fièrement du cabaret pour aller consommer ailleurs le produit de sa quête.

Beaucoup peut-être, à sa place, eussent agi de cette façon.

Mais un tel procédé lui parut mesquin et indigne de lui.

Il s'approcha donc avec dignité du comptoir

où maman Brutus l'attendait en souriant de plus belle, et il déposa ses quinze centimes devant l'aimable veuve.

— Monsieur Narcisse, dit celle-ci, décidément vous êtes un n'amour de jeune homme!... Qu'est-ce qu'il faut vous servir?...

On voit que Narcisse avait bien et complétement gagné son procès.

Il acheva de reconquérir les bonnes grâces de sa créancière en répondant d'une voix modeste et d'un ton soumis :

— Ce que vous voudrez, maman Brutus ; je vous dois beaucoup, et, jusqu'à ce que j'aie pu solder notre compte, je me contenterai de peu...

En face de tant de modération, maman Brutus sentit l'attendrissement déborder dans son vieux cœur.

Elle saisit une large mesure de sa meilleure eau-de-vie et un gros paquet de son tabac le plus frais.

Elle plaça le tout sur une petite table voisine de son comptoir, et elle dit avec des modulations charmantes à son débiteur, qui la regardait faire d'un air ébahi :

— Allons, m'sieur Narcisse, asseyez-vous là, buvez et fumez, mon fiston, et, si le cœur vous en dit et que vous n'ayez pas déjeuné très-solidement à ce matin, j'ai là, dans l'*ormoire*, un *restant* de choucroûte avec un brin de petit-salé, qu'un défunt ressusciterait pour s'en lécher le bec et s'en sucer les pattes, et je vas vous le servir avec une chopine d'un *argenteuil* que le roi n'en boit pas de pareil.

— Maman Brutus, répondit le jeune homme d'un ton moitié sentimental et moitié comique, vous êtes la providence en cotillons, descendue sur notre boule pour en faire l'ornement !...

— Ainsi vous acceptez la choucroûte ?...

— Oui, maman Brutus.

— Et le petit-salé ?

— Aussi.

— Et l'argenteuil ?

— Pareillement. Vos procédés sont d'une délicatesse inouïe et je craindrais de vous désobliger par un refus qui contristerait votre cœur et ferait saigner le mien !...

Et Narcisse ajouta mentalement :

— Sans compter que le vide se fait dans mon estomac et qu'il est d'une hygiène bien entendue de ne point laisser trop longtemps ce viscère inactif !...

Maman Brutus (puisque telle était l'appellation généralement adoptée à son endroit), devenue accorte autant qu'elle s'était montrée revêche, se hâta de réaliser dans toute leur étendue ses promesses substantielles.

Une large écuelle de faïence, bourrée d'une choucroûte alsacienne blonde comme les blondes filles de Strasbourg, et surmontée d'une tranche épaisse d'un petit lard aussi rose que les lèvres d'une jolie femme, fut offerte à la voracité de Narcisse.

Un quartier de gros pain, du poids de deux livres et demie, accompagnait l'écuelle.

Le jeune homme dévora.

Le pauvre garçon avait déjeuné d'un humble petit pain d'un sou et n'avait pas dîné du tout.

En quatre minutes l'écuelle était vide.

Le quartier de pain avait également disparu et il n'en restait que des miettes si microscopiques qu'une poule en appétit aurait dédaigné de les picorer.

Narcisse arrosa le tout de quelques rasades de ce vin d'Argenteuil, bleuâtre et acidulé, que maman Brutus qualifiait de nectar royal.

Puis, parfaitement repu et disposé à savourer avec une joie recueillie les voluptés molles de l'eau-de-vie et de la pipe, il avala lentement trois ou quatre gorgées du cognac authentique fabriqué à la Villette, il ferma les yeux à demi et ne tarda point à s'envelopper, ainsi que M. Robert et les autres habitués du cabaret des *Oiseaux de nuit*, dans un nuage de fumée blanchâtre.

Nous apprendrons bientôt à nos lecteurs ce que c'était que ce jeune homme, et nous comptons faire sortir une des principales moralités de ce récit de l'exemple frappant du degré de bassesse et de l'abîme de dégradation dans lequel la faiblesse de certaines natures, les provocations incessantes de passions mal contenues, et surtout les amitiés funestes et les fréquentations pernicieuses, peuvent entraîner une belle intelligence, un cœur bien doué et une âme originairement ouverte à de généreux instincts.

Sans doute notre voix criera dans le désert.

Mais il est toujours bon de dire au voyageur qui s'égare :

— N'allez pas par là : — il y a au bout de ce chemin des fondrières où vous tomberiez !

VI

UNE DESCENTE DE POLICE.

Cependant, tandis que Narcise savourait les jouissances gastronomiques auxquelles il avait été convié par maman Brutus avec une générosité si inattendue, le dialogue suivant s'établissait entre deux des hôtes du cabaret des *Oiseaux de nuit*.

L'un de ces personnages était le bandit qui, au début de ce volume, faisait à haute voix la lecture du journal.

Il avait pour interlocuteur un petit jeune homme de vingt-deux ou vingt-trois ans, aux yeux sournois et à la mine de furet.

Tous les deux parlaient à voix basse et jetaient de fréquents regards du côté de l'angle du cabaret où s'était installé l'individu que nous avons entendu nommer *M. Robert.*

Voici comment avait commencé le dialogue que nous allons reproduire.

Le petit jeune homme à la mine de furet s'était approché du bandit en blouse et l'avait entraîné d'un air mystérieux dans un coin sombre.

— Qu'est-ce que tu me veux, *la Fouine?* demanda le bandit.

— Ce que je te veux, *la Tulipe?* Je veux te dire que je me méfie...

— De qui, ou de quoi ?

— De ce particulier que voilà là-bas.

La Tulipe suivit de l'œil le geste dont *la Fouine* accompagna ses paroles.

Ce geste désignait M. Robert.

— Bah! répondit-il en haussant légèrement les épaules, — et pourquoi donc ça?

— Ah ! pourquoi ?...

— Oui, pourquoi?

— D'abord je suis comme les chiens de chasse, j'ai le *flair*... — Ensuite l'existence de ce particulier-là m'est suspecte... — Depuis un mois qu'il vient ici tous les soirs, faisant de la dépense et payant *recta* maman Brutus, je cherche à le deviner, et, plus je cherche, moins j'arrive... —

Évidemment ce n'est pas un ouvrier, puisqu'il ne travaille point. — Ce n'est pas un des nôtres, puisque nous ne le connaissons ni d'Ève, ni d'Adam... — Or, je te le demande, quel est-il ? d'où vient-il ? — que fait-il et de quoi vit-il ?

— Il me semble, répliqua la Tulipe en riant, que tu ferais bien de lui adresser toutes ces questions à lui-même...

— C'est ça ! répondit la Fouine avec une grimace, pour qu'il me saute dessus et me casse les reins !

— Poltron !...

— Dame ! qu'est-ce que tu veux, je tiens à ma peau ! il est quatre fois plus fort que moi, ce gaillard-là...

— Eh bien ! mon pauvre la Fouine, j'ai pitié de ta frayeur et je veux te rassurer...

— Comment cela ?

— Dors en paix sur tes deux oreilles, m'sieu Robert n'a rien de suspect...

— Tu le connais ?...

— Oui.

— Pourquoi donc ne lui parles-tu jamais ?

— Parce que, comme tu le disais tout-à l'heure, ce n'est pas un des nôtres. — Seulement je sais d'où il vient, ce qu'il est et de quoi il vit...

— Ah ! tu sais cela?

— Parfaitement.

— Alors, dis-le-moi...

— Volontiers. — M. Robert est un ouvrier ébéniste, — paresseux, — ivrogne, — *loupeur*, — *gouapeur*, — mais pas voleur. Ça n'aime point travailler, mais c'est bête et c'est honnête... enfin un de ces particuliers qui adorent *la noce* et qui font *le lundi* cinq jours par semaine. — Il y a un mois, Robert a fait un petit héritage et depuis ce temps-là il est en train de fricasser la succession. — Il ne travaille plus et son existence est réglée comme un papier de musique.

« Tous les matins jusqu'à midi, il fréquente un cabaret du Petit Charonne à l'enseigne du *Tonneau percé*, ensuite il flâne jusqu'au soir et il achève sa journée ici. — Quand il aura fini de croquer le magot, ça l'embêtera de reprendre la scie et le rabot, et je te parie vingt-quatre sous contre un œuf dur qu'il se fera *grinche* pour vivre à ne rien faire...

— Comment donc que tu as su tout cela, la Tulipe ?

— Par un jeune homme de mes amis qui a travaillé pendant quelques jours dans le même atelier que m'sieu Robert...

— Tiens! t'as donc des amis qui travaillent, toi?...

— Imbécile!... c'était pour prendre des empreintes dans la maison du fabricant.

— A la bonne heure, — répondit la Fouine que les renseignements donnés par son collègue avaient complétement rassuré.

L'entretien s'arrêta là.

Celui qui en avait été l'objet continuait à fumer et à boire avec une merveilleuse impassibilité.

Quatre fois déjà maman Brutus avait rempli jusqu'aux bords la mesure d'eau-de-vie posée devant lui, et, pour la quatrième fois, elle se trouvait vide.

Les plus intrépides ivrognes du cabaret des *Oiseaux de nuit* se regardaient avec étonnement et s'avouaient dans leur for intérieur qu'ils ne pourraient point lutter avec avantage contre un jouteur aussi rude et dont l'estomac doublé en cuivre absorbait sans défaillir une pareille quantité d'alcool.

Peu à peu, cependant, les symptômes d'un commencement d'ivresse se manifestèrent chez M. Robert.

D'abord, au lieu de reposer sur la table d'une

main ferme le gobelet qu'il venait de vider, il le laissa retomber de deux ou trois pouces de haut.

Ensuite, au lieu de verser l'eau-de-vie dans ce gobelet, il en répandit à côté la plus forte partie.

Puis, à trois reprises différentes, il ne put réussir à approcher le gobelet de sa bouche.

Et enfin, vaincu complétement par le terrible ennemi qu'il avait si longtemps bravé, ses yeux se fermèrent, il tomba le visage sur la table et il s'endormit d'un lourd sommeil, que n'interrompirent ni les cris, ni les chansons, ni les éclats de voix qui se croisaient autour de lui.

Une heure se passa ainsi.

Tout à coup M. Robert se réveilla et releva la tête.

Sa main chercha la mesure d'eau-de-vie.

Il remplit le gobelet, qu'il approcha de ses lèvres et qu'il vida d'un trait.

Ce fut le dernier coup.

M. Robert, comme s'il venait d'être frappé en pleine poitrine par l'étincelle de la machine électrique, fit un brusque soubresaut et se leva tout debout.

Mais il retomba aussitôt.

Seulement, au lieu de retomber sur son banc, il roula sous la table, et ses ronflements sonores annoncèrent que son sommeil, un instant interrompu, venait de recommencer.

Minuit allait sonner.

La gaieté des hôtes de maman Brutus atteignait son paroxysme le plus bruyant.

Le bruit des pas mesurés d'une troupe d'hommes retentit soudainement dans la rue.

En même temps une voix cria au dehors, avec cet accent impérieux du commandement militaire :

— Halte !...

Tous les bruits s'éteignirent comme par enchantement dans le cabaret.

On n'entendit plus que le murmure contenu des respirations haletantes et des poitrines oppressées.

Plusieurs devinrent pâles.

Le pourpre foncé des joues de maman Brutus disparut.

C'est que chacun avait compris qu'une descente de police allait s'effectuer dans le bouge, et comme la conscience de presque tous les buveurs n'était rien moins que nette, chacun tremblait pour soi.

L'attente ne fut pas longue.

Au bout d'une demi-minute, la porte s'ouvrit.

On vit reluire des baïonnettes dans la pénombre du corridor, et plusieurs personnes firent invasion dans la salle où nous avons introduit nos lecteurs.

Ces nouveaux venus étaient un commissaire de police, ceint de son écharpe, — un lieutenant de la ligne, assisté de quatre hommes et d'un caporal, — et une demi-douzaine d'agents de la police de sûreté.

Il ne s'agissait ni d'une arrestation individuelle ni d'une perquisition. (Ce qui, soit dit entre parenthèses, parut rassurer singulièrement la veuve Brutus.)

C'était tout simplement un de ces coups de filet que la police jette de temps à autre dans ces lieux suspects, où elle pêche hardiment en eau trouble, toujours sûre de faire râfle de bandits.

Les habitués du cabaret durent défiler un à un devant le commissaire et les agents.

Ces derniers les connaissaient presque tous.

La plupart étaient des repris de justice et des malfaiteurs d'une espèce plus ou moins dangereuse.

Aussi, malgré leurs dénégations et leurs protestations, ces derniers, dûment reconnus et désignés, furent-ils remis aux bons soins du piquet de troupe de ligne qui stationnait dans la ruelle et prêtait main-forte à la loi.

Un petit nombre, parmi lesquels se trouvait Narcisse, fut laissé en liberté, avec injonction de sortir du cabaret sur-le-champ.

Soit distraction, soit négligence, personne ne s'aperçut de la présence de M. Robert, étendu, comme nous le savons, sous une table, où tant de tapage et de tumulte n'avait point réussi à le tirer de sa lourde et profonde ivresse.

Tout étant terminé, le commissaire et les agents se retirèrent et madame Brutus, s'estimant très-heureuse d'en être quitte à si bon marché, referma derrière eux les portes de son établissement.

VII

MONSIEUR ROBERT.

Maman Brutus resta pendant un instant l'oreille collée contre la porte par laquelle venaient de sortir le commissaire et les agents de police.

Elle écouta le bruit des pas mesurés des soldats qui s'éloignaient, jusqu'à ce que ce bruit fût devenu complétement indistinct.

Alors elle tourna sur ses talons avec une prestesse quasi-juvénile qui s'accordait mal avec les massives proportions de son corps d'éléphant.

Elle ébaucha une pirouette.

Elle commença un jeté-battu.

Elle essaya un entrechat.

Elle lança au plafond son bonnet de police, qui retomba sur le comptoir.

Et enfin elle se mit à chanter à plein gosier :

>La faridondaine,
>   O gué !
>La faridondon !...
>Tradéri-déra !
>   O gué !
>Tire-lire-lon fa,
>   Tra-la-la !...

Puis, interrompant brusquement le joyeux déluge de notes incohérentes qui formaient un assemblage de vieux refrains fort étonnés de leur accouplement imprévu, elle s'écria :

— Dieu de Dieu !... j'ai-t-il eu peur !... si cependant l'idée leur était venue, à ces gueusards-là, de visiter la cassine !... Mais bah ! la police, c'est un tas d'aveugles qui n'y voient pas plus loin que le bout de leur nez !... — N'importe !... — je m'en souviendrai, de l'alerte !... Ah ! qué chance ! qué chance !...

Soudain maman Brutus redevint pâle et prêta de nouveau l'oreille.

Un bruit qu'elle ne pouvait définir venait de se faire entendre.

Ce bruit semblait partir de l'intérieur même du cabaret, dans lequel elle se croyait seule.

Au bout d'une seconde elle avait acquis la certitude que ce bruit n'était autre qu'un ronflement sonore et régulier.

Donc il y avait là quelqu'un.

Quelqu'un qui dormait ou qui, tout au moins, faisait semblant de dormir.

Maman Brutus regarda partout.

Elle ne tarda guère à découvrir une forme humaine gisant sous la table.

Elle décrocha un quinquet, s'approcha du dormeur et reconnut la figure de M. Robert.

— Ah! le pauvre cher homme!... murmura-t-elle avec une expression compatissante. Ça ne m'étonne pas de le voir dans cet état-là!... En avait-il assez absorbé, de ce liquide!... C'est-à-dire que c'en est à ne pas croire!.... faut l'avoir vu!... Respect au courage malheureux!... Certainement que je ne le mettrai point à cette heure-ci, quasi-mort comme le voilà, dans la rue où il serait ramassé par la patrouille! Je vais le laisser cuver sa boisson dans ce coin-là, bien tranquille, jusqu'au matin... Il m'en saura gré, ce pauvre chéri, qu'est un homme si délicat et si régulier dans le payement de sa dépense; mais je prendrai mes précautions!...

Maman Brutus se mit tout aussitôt en devoir

de prendre ses précautions, comme elle disait.

Elle enferma dans une vaste armoire toutes les fioles de diverses grandeurs, l'ornement de son comptoir.

Elle fit passer au fond de l'une des larges poches pratiquées dans son jupon de tricot la menue monnaie et les gros sous qui formaient la recette de la journée.

Elle éteignit tous les quinquets, à l'exception d'un seul qui devait lui servir de bougeoir.

Elle jeta un dernier regard de bienveillance et de compassion sur le dormeur.

Elle ouvrit une porte qui conduisait à son logement particulier, situé au premier étage et auquel on arrivait par un escalier à peu près semblable à une échelle.

Elle referma cette porte et la verrouilla avec soin. Puis l'aimable veuve regagna chastement sa chambre solitaire, où nous ne la suivrons pas.

Pendant un instant, sa marche pesante fit craquer les solives du plafond de la salle basse.

Puis on entendit un bruit sourd que remplaça le silence le plus absolu.

Maman Brutus venait de se mettre au lit, et les songes sortis de la porte d'ivoire ne tardèrent point à enchanter son sommeil par le touchant

4.

ressouvenir de ses jeunes amours et de ses nombreux voyages aux *grottes d'Amathonte* et aux *voluptueux bosquets de Paphos*. (Style d'un académicien resté jeune [et galant', malgré son âge et ses rhumatismes.)

§

Cependant de profondes ténèbres régnaient dans cette partie du cabaret, ordinairement ouverte à un public aussi nombreux que peu choisi.

Là aussi, comme dans la chambre d'en haut, régnait le plus complet silence.

Au moment où la veuve Brutus venait de refermer la porte, les ronflements du dormeur s'étaient interrompus.

Il se fit tout-à-coup un frôlement léger et presque indistinct.

On eût dit que quelqu'un se traînait lentement sur le sol, en s'appuyant sur les mains et sur les genoux.

Ce frôlement cessa.

Une clarté faible, bleuâtre, presque fantastique, troua l'épaisseur de l'obscurité.

A cette clarté succéda une lueur, plus vive, qui permit de distinguer M. Robert, debout et tenant à la main une allumette qu'il venait de tremper dans un flacon de phosphore, où elle s'était embrasée.

La flamme de cette allumette ne tarda point à se communiquer à la mèche d'une très-petite lanterne sourde que M. Robert portait de l'autre main.

Cette besogne achevée, le personnage qui nous occupe en ce moment posa sa lanterne sur une table, s'assit lui-même sur le bout d'un banc et parut réfléchir.

A coup sûr son ivresse avait été contrefaite aussi bien que son sommeil, car il ne restait de traces ni de l'une ni de l'autre dans son regard plein d'intelligence et dans l'expression préoccupée et rêveuse de sa physionomie.

Seulement son visage était plus pâle encore que de coutume.

Il semblait que cet homme touchât à l'un des moments suprêmes de sa vie.

Son parti fut bientôt pris.

Il se leva de nouveau.

Il tira de sa poche deux pistolets à deux coups, d'un beau travail et d'une dimension microscopique.

Il en vérifia les détentes et en examina soigneusement les amorces.

A côté de ces armes il plaça un trousseau composé de plusieurs clefs et de quatre ou cinq de ces crochets que les voleurs appellent *rossignols*.

Il les examina comme il avait fait des pistolets.

Ensuite il s'approcha du comptoir que grâce à une force peu commune, il souleva sans peine et qu'il transporta à une autre extrémité de la pièce.

Ceci achevé, il prit sa lanterne sourde, mit un genou en terre et parut étudier les rainures des planches, à cet endroit que le comptoir masquait habituellement.

Il ne tarda guère à découvrir une sorte de fissure dans laquelle il introduisit un morceau de fer dont il était muni, et qui lui servit de levier.

Au premier effort, le plancher céda dans une largeur de deux pieds carrés environ, et découvrit une profonde ouverture.

Une échelle, qui descendait à l'étage souterrain, arrivait jusqu'au niveau de cette trappe.

M. Robert se releva.

Il ôta sa blouse.

Dans la poche gauche de sa veste il plaça ses deux pistolets tout armés.

A l'un des boutons de cette veste il accrocha sa lanterne sourde.

De la main droite il saisit les clefs et les crochets, puis, regagnant le bord de la trappe, il posa bravement le pied sur le premier bâton de l'échelle et ne tarda point à disparaître tout entier dans l'ouverture profonde et ténébreuse dont il affrontait les périls.

§

Pendant ce temps maman Brutus dormait toujours, bien éloignée de soupçonner, la pauvre chère femme, les événements étranges qui se préparaient au-dessous d'elle et dans son propre logis.

Des songes de plus en plus anacréontiques voltigeaient au-dessus de son chevet, l'effleuraient du bout de leurs ailes transparentes, et enguirlandaient de myrtes et de roses le bonnet de police dont elle se coiffait même au lit[1].

Elle rêvait, la tendre veuve, qu'elle avait seize

---

1. Que nos lecteurs ne crient point à l'invraisemblance. Nous avons connu un brave officier du 19ᵉ de ligne, marié et père de famille, qui ne quittait jamais son SCHAKO, ni pour manger ni pour dormir, même quand il avait la fièvre.

ans à peine et que les plus beaux grenadiers des armées de la République se mettaient sur les rangs pour aspirer à sa main.

Or, toujours bonne et généreuse, — compatissant aux peines de l'amour et ne voulant blesser aucun cœur, — elle refusait de faire un choix et elle acceptait tous les canditats, indistinctement, pour époux.

Heureuse Stratonice!... — maman Brutus s'appelait Stratonice de son petit nom — elle venait de célébrer ses multiples fiançailles, et elle s'occupait à passer en revue le bataillon matrimonial dont chaque soldat, l'œil ardent et le jarret tendu, s'efforçait d'attirer sur lui les regards fascinateurs de sa jeune épousée.

Heureuse Stratonice!...

Mon Dieu! qu'il y avait là de beaux hommes!...

Le plus mesquin mesurait cinq pieds huit pouces! — Le plus grand dépassait six pieds!

Tous avaient de longues moustaches, l'air martial et de larges épaules!

Au milieu de ce harem masculin, Stratonice, sultan d'un nouveau genre, ne savait à qui jeter le mouchoir et par quel mari commencer.

Mais cet embarras lui-même ne manquait point de charme.

Aussi Stratonice se plaisait à le prolonger.

Enfin elle se décidait pour les six pieds un pouce, l'encolure d'Hercule Farnèse et le teint bistré d'un Provençal.

Elle lui tendit la main, et, toute rougissante, elle l'entraînait vers la chambre nuptiale...

. . . .

Voilà, nous le répétons, où en était le joli rêve de maman Brutus, tandis que M. Robert disparaissait dans les profondeurs de l'ouverture qu'il avait découverte sous le comptoir de la tendre veuve.

VIII

RAPHAEL ET CARILLON.

M. Robert descendit une vingtaine d'échelons.

Puis il mit pied à terre sur le sol humide et raboteux d'une cave encombrée de barriques vides et de bouteilles cassées.

Arrivé là, il détacha la petite lanterne qu'il portait suspendue à l'un des boutons de sa veste et s'en servit pour examiner attentivement les parois de cette cave.

Dans la muraille, du côté gauche, était pratiquée une porte étroite et basse, mais solide, et fermée par une massive serrure.

Il s'agissait de faire jouer cette serrure.

Robert se mit à l'œuvre, et, grâce aux crochets

dont il s'était muni, au bout d'un instant, le pêne glissa dans la gâche, sans avoir occasionné le moindre bruit.

Robert rattacha sa lanterne à son bouton, — prit un de ses pistolets de chaque main et poussa la porte.

Alors il se trouva dans un couloir long de huit à dix pieds, terminé par une seconde porte qui ne se fermait qu'au loquet.

Au moment où il arrivait à l'extrémité du couloir, une voix grasseyante et un peu endormie demanda à travers les planches :

— Qui va là? Maman Brutus, est-ce vous?...

Robert ne répondit pas.

Seulement il souleva le loquet et il entra.

Au fond d'une pièce voûtée assez spacieuse, un homme de très-haute taille était étendu sur des matelas.

Les restes d'un repas copieux chargeaient une petite table placée à côté de lui et sur laquelle se voyaient aussi un poignard et des pistolets.

A l'aspect de M. Robert, l'homme couché bondit sur ses pieds et se trouva debout et tenant, comme le nouveau venu, un pistolet de chaque main.

Robert voulut parler.

L'inconnu ne lui en laissa pas le temps.

— Tonnerre de Dieu! — s'écria-t-il, — je suis pincé!... Mais ce n'est pas vous qui m'aurez!

Et en même temps il pressa la détente de ses deux pistolets.

Les chiens s'abattirent sur les platines et une fusée d'étincelles jaillit du silex, mais aucune détonation ne suivit.

L'humidité de ce lieu souterrain avait mouillé la poudre des amorces.

L'inconnu laissa tomber ses armes inutiles.

Il saisit le poignard, et, tout en proférant un horrible blasphème, il fit un mouvement pour se précipiter sur Robert.

Mais ce dernier le tint en respect en lui présentant les quatre gueules menaçantes de ses pistolets, et lui dit du ton le plus tranquille :

— Allons, mon cher, un peu de calme, car, si vous faites un seul pas de mon côté, vous comprenez à merveille que je m'en vais vous tuer comme un chien!...

L'inconnu recula.

— Posez ce joujou qui ne peut vous servir à rien, — continua Robert en désignant le stylet affilé que brandissait son adversaire.

L'inconnu obéit passivement.

Robert poursuivit :

— Je vois avec plaisir que nous nous entendrons dans un instant beaucoup mieux que je ne l'avais espéré d'abord. — Maintenant, s'il vous plaît, asseyez-vous sur votre lit et causons...

L'inconnu se laissa tomber, plutôt qu'il ne s'assit sur les matelas qui formaient sa couche.

— Qui êtes-vous? murmura-t-il.

— Qui je suis? — répéta Robert, — cela dépend de vous...

— De moi?...

— Oui. — Je suis un ami ou un ennemi, selon qu'il vous conviendra que je sois l'un ou l'autre...

— Expliquez-vous.

— Volontiers.

— D'abord, que venez-vous faire ici, et que me voulez-vous?...

— Pardieu! — c'est bien simple!... — Je viens ici pour vous y rencontrer et je veux vous mettre la main sur le collet en vous disant tout bonnement cette petite phrase : — *Au nom de la loi, je vous arrête!...*

L'inconnu fit un soubresaut et sa main s'étendit machinalement vers le poignard dont elle s'était séparée une minute auparavant.

M. Robert sourit et releva les canons de ses pistolets jusqu'à la hauteur de la poitrine de son adversaire.

La main de l'inconnu s'éloigna vivement du poignard.

— Vous m'arrêtez!... murmura-t-il ; — et pourquoi ?

— C'est juste ! — Je vous arrête parce que j'ai été investi de la mission spéciale d'appréhender au corps, partout où je le rencontrerais, le nommé Jean-Paul, surnommé *Carillon,* et que j'ai les plus fortes raisons de supposer que ce Jean-Paul (ou ce *Carillon,* à votre choix) n'est autre que vous-même !...

— Vous vous trompez complétement, je ne suis point celui que vous croyez !... — balbutia le bandit avec le plus grand trouble.

— Oh! mon cher ami, — répliqua M. Robert en riant d'un rire singulier, — dites cela à tout le monde, excepté à moi, à moi qui suis l'une de vos plus anciennes et de vos meilleures connaissances...

— Vous !... — s'écria Carillon, comprenant, au ton d'assurance de son interlocuteur qu'il lui serait impossible de nier plus longtemps son identité.

— Moi-même, répondit M. Robert.

— Mais, encore une fois, qui êtes-vous donc?...

Robert éleva sa petite lanterne jusqu'à son visage, de façon à l'éclairer complétement, et dit :

— Regardez-moi.

Carillon attacha sur lui un regard perçant.

— Eh bien? demanda Robert au bout d'une seconde.

— Je ne me souviens pas de vous avoir jamais vu...

— Ainsi vous ne me reconnaissez point?

— Non.

— Ah! — murmura intérieurement Robert avec une profonde amertume, — c'est qu'en effet depuis dix ans, tout est changé, le corps et l'âme!...

Puis il reprit, mais à haute voix :

— *Jean-Paul*, vous avez bien peu de mémoire si vous ne vous rappelez plus les bois de Ville-d'Avray!... — *Carillon*, vos souvenirs sont étrangement infidèles si vous avez oublié la nuit de Marly-la-Machine et le n° 17 de la rue de l'Homme-Armé!...

Un éclair venait de passer dans son esprit, et la lueur de cet éclair avait illuminé ses souvenirs.

— Raphaël!.. — s'écria-t-il.

— Oui, Raphaël! ou du moins celui qu'autrefois on appelait ainsi! — répondit d'une voix brisée le héros de cette longue histoire, car en effet c'était bien lui.

— Et tu viens m'arrêter!... — s'écria Carillon.

— Je te l'ai déjà dit.

— Mais de quel droit?... mais à quel titre?... — Tu n'es ni commissaire ni gendarme, j'imagine?

— Je suis le numéro quatorze de la brigade de sûreté.

— Ah! nous sommes de la police!.. — murmura Carillon avec une expression indéfinissable. — Mes compliments, mon cher!... — C'est une position assez soignée, et je vois que nous avons fait notre chemin dans le monde!...

— Carillon, reprit Raphaël d'un ton grave, — sais-tu bien que depuis dix ans je te cherche?..

— Je l'ignorais, et je t'avouerai que je me serais bien passé de la rencontre!..

— Je t'ai dit tout à l'heure que je serais pour toi un ami ou un ennemi; je vais t'expliquer le sens de mes paroles...

— Tu me feras plaisir.

— A l'heure qu'il est, tu es mon prisonnier;

— toute résistance serait inutile, et, en admettant que tu entreprisses une lutte corps à corps et que tu en sortisses vainqueur, ma mort ne te mènerait à rien, car il y a dans la rue une demi-douzaine d'agents qui en ne me voyant pas sortir ce matin, fouilleraient la maison de fond en comble et finiraient bien par te trouver...

— Agréable perspective !... dit Carillon avec une sorte de ricanement.

— Eh bien ! poursuivit Raphaël, si cela te convient, tu es libre...

— Libre !... s'écria le bandit stupéfait.

— Oui, et je t'aiderai de tout mon pouvoir à dépister mes confrères, les limiers de la police...

— Mais certainement que cela me convient, et beaucoup !..

— Seulement tu penses bien que ta liberté et mes services sont à une condition...

— Parbleu ! la véritable bienfaisance est une chose si rare en ce monde, que personne n'oblige gratuitement ! Voyons : cette condition, quelle est-elle ?

— Tu vas la savoir... Seulement nous sommes très-mal ici pour causer... montons en haut...

Carillon se leva et fit un pas.

Mais il s'arrêta aussitôt et regarda fixement son interlocuteur en disant :

— Raphaël ?

— Quoi ? demanda ce dernier.

— Tu ne me conduis pas dans un piége ?.. Nous n'allons pas trouver en haut des hommes qui se jetteront sur moi pour me saisir et me garrotter ?

Raphaël haussa les épaules.

— Mon pauvre Carillon, répondit-il, tu es fou !... Un piége !... à quoi bon ?... N'étais-tu pas captif dans ce trou comme un renard dans son terrier ?... Ne pouvais-je point, au lieu de venir ici tout seul, y descendre accompagné de menottes et de baïonnettes ?... D'ailleurs je n'ai aucun intérêt à ce que tu restes libre !...

Raphaël avait prononcé avec une bonne foi si évidente les paroles que nous venons de rapporter, que Carillon se sentit convaincu.

— C'est bien, dit-il, je te suis...

— Passe le premier, répondit Raphaël.

— Est-ce que tu te défies de moi, par hasard !...

— Oui.

— Ah ! c'est mal !..

— Peut-être ; mais, mon cher ami, si tes pistolets étaient partis, tout à l'heure, où serais-je maintenant ?...

— Tu serais au diable, c'est vrai ! Seulement j'ignorais que ce fût toi, c'est une excuse !... Enfin, suffit ! moi, j'ai confiance et je passe...

Carillon, en effet, grimpa l'échelle qui conduisait au rez-de-chaussée ; Raphaël le suivit, et les deux hommes se trouvèrent dans la salle commune du cabaret des *Oiseaux de nuit*.

Raphaël s'assit sur un banc.

Carillon prit position en face de lui.

Le voleur et l'agent de police ne se trouvaient séparés que par la largeur de la table sur laquelle Raphaël avait placé sa petite lanterne.

Cependant le joli Cupidon, le séduisant héritier de la lorette de Cythère, continuait à secouer ses pavots amoureux autour du bonnet de police de maman Brutus endormie.

La douce veuve poursuivait le cours de ses mariages militaires.

Elle en était aux septièmes noces.

L'heureux époux s'appelait Hercule.

VIII

L'AGENT DE POLICE ET LE VOLEUR.

— J'attends ! dit Carillon ; tu comprends, mon bon ami, que puisque nous allons débattre un marché dont ma liberté doit être le prix, j'ai grande hâte que ce marché soit définitivement conclu !...

Raphaël ne répondit pas d'abord.

Il semblait n'avoir point écouté.

A voir son front pâle et le regard étrange de ses yeux largement ouverts, on eût dit que des spectres passaient devant lui, visibles pour lui seul.

Carillon répéta :

— J'attends !...

Raphaël parut échapper alors à la rêverie ou à la vision qui l'absorbait.

— Jean-Paul, dit-il, écoute-moi...

— Eh! je ne fais que ça! répondit le voleur.

— Souviens-toi du passé, poursuivit Raphaël. Ensemble nous avons commencé, et mal commencé la vie!... nous devions mal finir!... nous avons mal fini!...

— Ma foi! ce n'est pas mon avis, interrompit Carillon : je ne me plains point du sort...

— Tu te trouves heureux! demanda Raphaël avec étonnement.

— Oui.

— Tu n'as pas de regrets?...

— Jamais.

— Tu n'as pas de remords?

— Je connais le mot, mais j'ignore la chose.

— Ainsi donc, si Dieu blanchissait les pages infâmes du livre de ta vie et te permettait de recommencer ce livre, tu n'y changerais rien?...

— Pas un chapitre, pas une ligne.

— Dis-tu ce que tu penses, Jean-Paul

— Exactement. Voleur je naquis, voleur je suis, voleur je serai. L'escalade me sourit, l'effraction a pour moi des charmes!... Je me laisse entraîner tout doucettement au courant du fleuve de l'existence, et je répète avec la romance :

« Ah! que ma vie est agréable!...»

Raphaël hésita avant de répliquer.

Puis il dit :

— Après tout, que m'importe ?... ce n'est pas pour te faire de la morale que je t'ai cherché si longtemps !...

— Tant mieux ! murmura Carillon ; d'autant plus que, franchement, de mouchard à voleur, la morale serait drôle !...

Raphaël continua, sans paraître se préoccuper de cette courte interruption :

— Je ne te rappellerai pas nos pemières erreurs, nos premières fautes, qui lorsque nous n'étions encore que des enfants, étaient déjà des crimes !...

— Oh ! fit Carillon, ce serait parfaitement inutile, je m'en souviens aussi bien que toi !...

— Nous préludions dignement à l'avenir !... L'avenir a tenu ses promesses !...

Raphaël laissa tomber sa tête dans ses mains et se tut pendant un instant.

Carillon occupa ce loisir à battre du tambour avec ses doigts sur la table.

Peut-être nos lecteurs s'étonnent-ils de l'admirable sang-froid du voleur et de la surprenante placidité d'esprit que ce misérable conservait dans la situation difficile où il se trouvait placé.

C'est que, aux yeux de Carillon, cette situation n'avait plus rien de dangereux.

Il était certain de la bonne foi de Raphaël et parfaitement décidé à accepter les clauses du marché que ce dernier allait lui proposer de conclure, sauf à ne pas tenir sa promesse si ces clauses lui paraissaient préjudiciables à ses intérêts.

Raphaël reprit :

— Sais-tu que tu m'as toujours porté malheur, Carillon ?...

— Ah ! par exemple, c'est bien sans le vouloir !...

— La fatalité qui s'attachait à nos rencontres n'en existait pas moins, et ta bonne volonté à mon égard se tournait à ton insu contre moi...

— Comment donc cela ?... demanda curieusement Carillon.

— Quand le hasard nous mit en face l'un de l'autre, un soir, à côté du théâtre de l'Ambigu, répondit Raphaël ; quand, après m'avoir à moitié tué d'un coup de poing, tu me reconnus, tu m'emmenas chez toi, et m'offris l'argent nécessaire pour acheter les vêtements qui me manquaient, tu croyais n'agir que dans mon intérêt, n'est-ce pas ?...

— C'est exact.

— Et pourtant, sans cet argent que tu me prêtais, je n'aurais pas gagné, je n'aurais pas pris les habitudes d'une vie de mollesse et de luxe, et enfin je n'aurais pas rencontré mon mauvais génie, l'être infernal auquel j'ai vendu mon âme, le démon qui m'a perdu!... le baron de Maubert!

On eût dit que le nom de Maubert, prononcé par Raphaël, avait brûlé ses lèvres en passant.

Carillon ne répondit rien.

Il se contenta de faire de la tête un signe approbatif.

Raphaël poursuivit :

— Deux ans plus tard... j'allais mourir... quelques heures encore, et ma lente agonie arrivait à son terme, et, à la place des angoisses de ma vie perdue, des tortures de mon cœur brisé, je trouvais le repos du linceul... le calme sommeil de la mort!.. Cette fois encore ma destinée s'est croisée avec la tienne... tu m'as conservé une vie qui me pesait, et je te maudis de m'avoir sauvé!...

Raphaël se tut de nouveau.

Carillon écoutait d'un air sombre.

L'âpre éloquence, le cri de désespoir qui s'échappait de la poitrine gonflée de Raphaël, faisait naître une sorte d'émotion chez le bandit lui-même.

— J'acceptai la vie, continua Raphaël, parce que, tu le sais, Jean-Paul, je rêvais vengeance !..
— Tu sais aussi comment ce rêve a été déçu !... Tu sais si cette vengeance a porté des fruits amers !... Tu sais tout cela, toi qui, ligué contre moi avec le baron de Maubert, ne l'as pas empêché de me broyer le cœur du talon de sa botte, toi, mon ancien ami, qui l'as laissé me tuer ma femme, comme il m'avait tué ma maîtresse !...

Raphaël ne put continuer.

Un sanglot déchirant monta de son cœur à ses lèvres, et de grosses larmes roulèrent sur ses joues et sur sa barbe grisonnante.

— Crois-moi si tu veux !... s'écria Carillon ; mais, je te le jure sur tout ce qu'il y a au monde de plus sacré, j'ignorais que Maubert en voulût à ta pauvre petite femme !.. Et si je l'avais su, quoique je ne sois qu'une canaille, foi de Carillon, je t'aurais prévenu !...

— Je crois ce que tu me dis, répondit Raphaël, et je l'ai toujours cru, sans cela il y a une heure que je t'aurais logé dans la tête les quatre balles de mes pistolets..

— Et tu aurais bien fait !... s'écria Carillon.

Raphaël poursuivit :

— Dans ma vie déjà longue, il y a eu un jour de bonheur !... Ce jour-là, j'avais retrouvé un père... un père que j'aimais et par qui je me croyais aimé ! Ce jour-là, j'étais depuis une heure le mari d'une jeune fille, d'un ange... d'Émilie...

« Le lendemain... »

De nouveaux sanglots vinrent interrompre Raphaël.

Cependant il continua d'une voix faible et presque indistincte :

— Le lendemain, mon père s'était enfui en me volant la fortune que m'avait laissée ma pauvre mère... et j'étais agenouillé sur une tombe... sur la tombe de ma jeune femme... empoisonnée !... empoisonnée la veille...

Carillon essuya une larme.

Raphaël se tut.

Il y eut un long silence.

Raphaël le rompit le premier.

— Carillon, dit-il, tu comprends, n'est-ce pas ? que si, après de pareilles douleurs, je ne me suis pas brûlé la cervelle ou je ne me suis pas jeté dans la Seine, comme je l'avais déjà fait une fois, c'est que je poursuivais un but ?...

— Parbleu !

— Tu comprends aussi que ce n'est pas sans raison que je suis entré dans les boues de la police et qu'aux quatre coins de Paris je traque des bêtes fauves?...

— C'est évident!

— Tu comprends enfin que si je te cherche depuis dix ans, ce n'est pas pour qu'il y ait un voleur de moins à l'air libre, un voleur de plus sous les verrous de la Force ou de Poissy?...

— C'est incontestable!

— Eh! que m'importe après tout qu'il se commette un peu plus ou moins de crimes? Que m'importe que tu aies volé quelques billets de banque à cet homme dix fois millionnaire qui s'appelle le marquis de Laumesnil?...

Carillon interrompit brusquement Raphaël.

— Quoi! tu sais?... s'écria-t-il.

— Je sais tout, répondit l'agent de police; depuis ton retour à Paris, je te suis à la piste jour par jour, heure par heure, minute par minute...

— Diable! mais comment, alors, ne m'as-tu pas fait arrêter?...

Raphaël fit un geste d'impatience.

— Combien de fois faut-il te répéter, demanda-t-il, que j'ai besoin que tu sois libre?

— Je n'y songeais plus, dit Carillon; j'attends

que tu m'expliques en quoi ma liberté peut t'être utile...

— C'est ce que je vais faire, répondit Raphaël.

Carillon appuya son coude sur la table et se posa en homme qui s'apprête à écouter avec une attention profonde.

IX

MARCHÉ CONCLU.

Notre héros reprit :

— Il n'y a plus dans toute ma vie qu'un désir et qu'une espérance, mon cœur ne bat plus que pour un sentiment! Si demain ce désir est déçu, si cette espérance est trompée, si ce sentiment n'existe plus, demain j'aurai cessé de vivre, j'aurai cessé de souffrir...

— Je crois te comprendre, dit Carillon.

— Tu devines, n'est-ce pas, que ce désir, cet espoir, ce sentiment, c'est la vengeance?...

— Oui.

— Il faut que je retrouve Maubert, non plus pour le tuer d'un seul coup, comme je voulais le faire à Marly-la-Machine, mais pour lui rendre toutes les tortures qu'il m'a fait subir, pour jouir de ses lentes angoisses, pour prolonger son agonie comme il a prolongé la mienne!...

« Vois-tu, Jean-Paul, si Dieu est juste, il m'accordera cette joie suprême !...

— Je n'y mets nul obstacle, répondit Carillon.

— J'ai cru longtemps, poursuivit Raphaël, que le baron de Maubert ne devait son impunité qu'à l'habileté des pseudonymes dont il savait revêtir ses transformations et qui, le plus souvent, ne permettaient pas même au soupçon d'arriver jusqu'à lui...

— Le fait est, interrompit Carillon, que le baron est un comédien d'une jolie force, et que sa vie est une pièce à tiroirs rudement bien jouée!...

Raphaël continua :

— J'ai cru qu'une fois qu'on aurait devoilé la sinistre individualité de Maubert, qu'une fois qu'on aurait arraché tous ses masques et mis à nu son terrible visage, la police de Paris (la première police de l'univers, à ce qu'on assure!...) en aurait bon marché!...

— La police !... s'écria Carillon ; le baron s'en moque pas mal !... Il y a de par le monde un procureur du roi qui l'avait fait arrêter pour je ne sais plus quoi, en province. Maubert, en dix minutes, a persuadé à ce digne magistrat qu'il était son oncle, rien que cela. Il a été relâché sur l'heure, et, qui plus est, choyé pendant trois semaines par toute la famille de son prétendu neveu...

— Je m'étais trompé comme toujours ! poursuivit Raphaël avec amertume. En vain j'ai mis les pieds dans ce sombre palais où règne la police et qu'on appelle la rue de Jérusalem !... en vain je suis devenu l'un des cent yeux du monstre !... tout a été inutile !... On n'a retrouvé ni une trace ni un vestige de l'homme que je poursuivais !... rien !... rien !... Ou la police n'existe pas, ou Maubert est un démon !...

— Mon cher ami, répondit Carillon, la police existe ; ceci est un fait malheureusement incontestable, et la preuve, c'est que tu es arrivé, à toi tout seul, à jeter le grappin sur moi, ce qui n'était pas une opération des plus faciles !... D'un autre côté, Maubert n'est point un démon, mais c'est un coquin bien habile !...

« Maintenant, évitons que notre conversation traîne en longueur... Je sais où tu veux en venir...

— Tu le sais ?...

— Oui.

— Eh bien! à quoi?

— A me demander, comme il y a dix ans, de te faire retrouver ton baron de Maubert...

— C'est vrai.

— Tu vois que je devine assez juste?...

— Alors, comme il y a dix ans, me répondras-tu : *Oui ?*

— Je te répondrai, du moins, que je ferai pour cela tout ce qu'il me sera humainement possible de faire...

— Réussiras-tu?

— Je l'espère. Seulement tu comprends que, si tu me laisses libre aujourd'hui, il ne faut pas que demain je puisse être arrêté par un de tes collègues...

— Sois tranquille.

— D'un autre côté, il est indispensable que je puisse agir librement et au grand jour... Que ferais-je du fond d'une cachette?...

— Tu jouiras de la liberté d'action la plus complète...

— C'est diablement difficile à croire, ce que tu me dis là!...

— Je réponds cependant d'y arriver.

— Comment feras-tu?

— Il n'y a qu'un moyen, mais il est sûr.

— Lequel?

— Je te mènerai avec moi rue de Jérusalem; je te présenterai au préfet en audience particulière. On fait là-bas quelque cas de moi. Je ne dissimulerai point tes antécédents... Je ferai le plus pompeux éloge de ta haute intelligence, de ta capacité hors ligne; j'appuierai beaucoup sur tes relations habituelles avec les plus dangereux bandits de Paris, ce qui te met à même de rendre des services inappréciables, et enfin je terminerai en me faisant l'interprète de ton désir de devenir un des défenseurs de la société, dont jusqu'à ce jour tu as été un ennemi acharné...

— Voilà qui va bien, dit Carillon; après?...

— Après, répondit Raphaël, on inscrira ton nom sur un registre mystérieux et tu seras absous de ton passé en faveur de ton avenir...

— Cette perspective me sourit; mais, mon cher ami, tu ne me montres que le beau côté des cartes...

— Je ne comprends pas ce que tu veux dire.

— En voici le revers : Il peut se faire à merveille que monsieur le préfet de police ait la migraine quand tu me conduiras devant lui, ou qu'il soit de mauvaise humeur pour une raison quelconque... Un préfet de police a toujours cent raisons d'être de mauvaise humeur...

— Eh bien?...

— Eh bien ! il se persuadera que sa brigade de sûreté est au grand complet et n'a nul besoin de moi. Il sonnera; son coup de sonnette amènera une demi-douzaine d'agents auxquels il dira : *Empoignez-moi ce gaillard-là !...* et Carillon sera coffré !...

— Ce n'est pas probable...

— Soit, mais c'est possible...

— Que veux-tu que j'y fasse?...

— Je voudrais que tu trouves un autre moyen.

— Il n'y en a pas.

— Ah ! diable !...

— Écoute, Jean-Paul, et sois franc avec moi : si je ne t'avais pas découvert et arrêté, que comptais-tu faire?...

— Attendre que maman Brutus, qui m'estime, m'ait déterré une bonne occasion de passer en Angleterre avec le magot fruit de mes petites économies...

— Tu reconnais donc qu'il t'était devenu impossible de vivre en France et à Paris?

— Je reconnais volontiers cela.

— Eh bien ! mon cher ami, je t'offre, moi, dix-neuf chances sur vingt non-seulement d'être libre, mais encore de pouvoir rester tout à ton aise dans ce Paris que tu dois chérir! Et tu refuses d'accepter ce marché parce que la vingtième chance est mauvaise!...

— Dame!...

— Mais, mon bon ami, tu es fou; car enfin, si nous ne nous entendons pas, tu n'as plus une seule chance pour toi, attendu que tu es mon prisonnier et que, je t'en donne ma parole d'honneur! je te brûlerai la cervelle dix fois plutôt que de te lâcher une!...

Tout en parlant ainsi, Raphaël montra de nouveau à Carillon les petits pistolets qui, depuis le commencement de cet entretien, avaient complétement disparu.

Le bandit ne sourcilla pas.

— Ta logique est irrésistible! fit-il.

— Ainsi tu es convaincu?

— De tout point.

— Tu viendras à la préfecture avec moi?...

— Quand tu voudras.

— Le plus tôt sera le mieux.

— Soit.

— C'est marché conclu?...

— Oui.

— Et de bonne foi ?

— Mon intérêt personnel est ta garantie; d'ailleurs, voici ma main...

Raphaël, toujours sur ses gardes, fit passer son pistolet dans la main gauche avant d'offrir sa main droite à l'étreinte de Carillon.

Ce dernier remarqua ce mouvement.

— Je vois avec plaisir, dit-il en souriant, que tu as beaucoup gagné depuis que nous ne nous sommes vus...

— Comment cela ?...

— Tu as acquis une qualité précieuse et qui, dans le temps passé, te manquait complétement...

— Laquelle ?

— La méfiance.

— Tu as raison, répondit Raphaël. Mais que veux-tu? j'étais jeune, mon cœur n'était point méchant, et, comme les autres pouvaient avoir confiance en moi, je croyais que je pouvais me fier aux autres.

— Et tu ne le crois plus aujourd'hui ?...

— Aujourd'hui j'ai vécu, c'est-à-dire j'ai souffert, et je sais que le monde est infâme...

— A la bonne heure! Je commence à retrouver en toi l'élève de Maubert...

Raphaël tressaillit.

On eût dit que pendant un instant il avait oublié ce nom, et que ce nom, prononcé tout à coup, ravivait une douleur aiguë.

— Carillon, demanda-t-il, où est en ce moment le baron de Maubert?...

— En ce moment, je l'ignore... Mais je suppose qu'il ne tardera pas beaucoup à rentrer en France, si toutefois il n'y est déjà revenu!...

— D'où viendra-t-il?

— D'Amérique.

— Où tu es allé avec lui?

— Oui.

— Quand l'as-tu quitté?

— Il y a deux ans.

— A quel sujet?

— Au sujet d'une discussion que nous avons eue ensemble... Je te raconterai cela quelque jour; c'est fort intéressant, tu verras...

— Et après cette séparation, qu'as-tu fait?

— Je suis allé en Angleterre.

— Combien de temps y es-tu resté?

— Dix-huit mois à peu près.

— Alors, comment peux-tu savoir que le baron se dispose à regagner la France?...

— J'ai eu de ses nouvelles indirectement.

— Au fond du cœur, es-tu son ennemi?...

— Oui. Quand je te raconterai l'historique de nos relations depuis dix ans, tu verras qu'il m'a blessé d'une manière qu'on ne pardonne pas !

— Tant mieux ! dit Raphaël ; tu me serviras avec plus de zèle...

— Une fois élevé à la dignité de ton collègue, répondit Carillon, je serai à toi corps et âme...

Une grande partie de la nuit s'était écoulée pendant l'entretien que nous venons de rapporter.

Déjà les premières lueurs de l'aube blanchissaient les ténèbres du ciel.

Raphaël tira les verrous de la porte extérieure, verrous que maman Brutus avait poussés avec tant de précaution la veille au soir.

Il entre-bâilla cette porte et siffla faiblement et d'une façon particulière.

Un sifflement pareil lui répondit.

Puis, au bout d'une minute, une voix demanda du dehors :

— Qu'y a-t-il de neuf et que voulez-vous ?

— Trouvez un fiacre n'importe où, répondit Raphaël d'un ton d'autorité, et amenez-le à l'entrée de la ruelle...

— Il n'y a pas d'arrestation à opérer ?

— Non.

— Ça suffit.

— Allez vite !

— Je vole.

Au bout d'un instant la même voix annonçait que le fiacre était arrivé.

Raphaël, aidé par Carillon, referma la trappe et remit en place le comptoir de maman Brutus.

Ensuite il sortit, tenant le bandit par le bras.

Deux agents reçurent l'ordre de rester dans la rue et d'empêcher qui que ce fût de s'introduire clandestinement dans le cabaret des *Oiseaux de nuit* par la porte restée entr'ouverte.

Raphaël et son nouvel allié montèrent en voiture, et l'agent de police offrit à sa recrue un confortable déjeuner.

Nous ne prendrions point sur nous d'affirmer que Carillon mangea de grand appétit.

A dix heures du matin, les deux hommes étaient reçus en audience particulière par le préfet de police.

Aucun des fâcheux pressentiments de Carillon ne se réalisa.

Quand il quitta la rue de Jérusalem, la brigade de sûreté comptait un membre de plus.

Le baron de Maubert allait avoir affaire à forte partie.

Deux adversaires dignes de lui se préparaient à le combattre.

A qui resterait la victoire ?

X

UN PORTIER DE PARIS.

A l'époque où se passent les faits dont nous sommes le véridique et scrupuleux historien, il y avait dans la rue Saint-Georges et celle des Trois-Frères, une maison toute neuve, dont la façade élégante, blanche et ciselée du rez-de-chaussée aux mansardes, s'élevait de cinq étages au-dessus du trottoir.

Cette maison existe encore aujourd'hui.

Seulement elle est vieille et noire.

Les brouillards parisiens ont terni sa fraîcheur primitive.

En maint endroit apparaissent déjà ces lézardes qui sont les rides des maisons.

A Paris les édifices ressemblent aux femmes : ils sont fragiles et leur beauté dure peu.

On pourrait ajouter à cela que les fondations des uns, comme la vertu des autres, reposent sur des bases peu solides.

Tout cela est bâti sur le sable.

Mais à quoi bon dire une vérité, quand cette vérité est une médisance?...

Passons.

Une large porte cochère donnait accès dans la cour de cette maison.

Au fond de cette cour se trouvait un second corps de logis aussi important que celui qui prenait jour sur la rue Saint-Lazare.

De chaque côté, à droite et à gauche, se voyaient les écuries et les remises.

Au pied d'un escalier, large, bien éclairé, bien ciré, bien frotté, était située la loge du *concierge*.

Nous écrivons à dessein le mot *concierge*, car l'habitant de cette loge se serait senti cruellement blessé dans sa dignité d'homme et de citoyen, si quelqu'un s'était permis de le désigner par l'appellation peu respectueuse de *portier*.

Ce subalterne pointilleux se nommait Tiburce Pépin.

Il avait environ quarante ans et il réunissait

au plus haut point toutes les qualités négatives qui font les êtres les plus insupportables de la création de cette race de bipèdes, carnivores, frugivores, herbivores et surtout vinicoles, préposés à l'ouverture et à la fermeture des portes des maisons de Paris.

Ce qui veut dire que Tiburce Pépin était humblement rampant et platement flagorneur en face des principaux locataires auxquels il tirait le cordon à toutes les heures du jour et de la nuit avec une incomparable prestesse.

Les étrennes auxquelles il ne cessait de penser, d'un bout de l'année à l'autre, depuis le 2 janvier jusqu'à la Saint-Sylvestre, et l'espoir de certains petits bénéfices qu'un portier trouve toujours le moyen de faire naître, stéréotypaient sur ses lèvres un perpétuel sourire et courbaient son échine en une salutation continue à l'endroit de ces gros bonnets de la location.

En revanche, Tiburce Pépin se montrait plein de morgue et d'insolence vis-à-vis des habitants des mansardes, auxquels il ne manquait jamais de décocher quelque sarcasme, voire même quelque insolence au passage.

Avons-nous besoin d'ajouter que Tiburce était avide, dissimulé, cancanier, rancunier et doué d'une conscience prompte à accepter toutes les transactions, pourvu qu'un intérêt pécuniaire fût au bout.

Tiburce daignait frayer sur un pied d'égalité un peu protectrice avec les cochers et les valets de chambre de la maison.

Ce n'est pas qu'il ne se regardât comme de beaucoup supérieur à toute cette *valetaille*. (C'est l'expression dont il se servait en lui-même.)

Mais il daignait néanmoins les admettre dans son intimité, car leur concours lui était nécessaire pour métamorphoser sa loge en un véritable arsenal de cancans et de médisances.

Quant aux caméristes, Tiburce les estimait fort, pour peu qu'elles fussent jeunes et gentilles.

Ce portier modèle était imbu de cet axiome : *Qu'on ne déroge point avec les femmes !*

Il fermait volontiers les yeux sur les amourettes des donzelles dont il s'agit, et il feignait de ne point s'apercevoir des visites d'une multitude de petits cousins, visites commencées à onze heures du soir et prolongées jusqu'à huit heures du matin.

En échange de cette myopie volontaire, Tiburce ne demandait autre chose que quelques menues privautés, à moitié innocentes.

Donc Tiburce aimait les caméristes; mais les cordons bleus étaient son idole.

Pourvu, bien entendu, qu'il leur arrivât de temps à autre d'oublier la clef sur la porte de la cave et de fournir la loge de café, de sucre et d'eau-de-vie, ou bien encore de cuisses de dindon et de quelque morceau d'aloyau métamorphosé bien vite en un succulent *miroton*, grâce aux bons soins de madame Pépin.

Car Tiburce était marié.

Sa femme, insignifiante créature, ni jeune ni vieille, ni belle ni laide, ni bonne ni méchante, ne jouissait d'aucune influence sur monsieur son époux et n'avait d'autres attributions dans le ménage que de fournir à la gourmande voracité de Tiburce toutes sortes de préparations culinaires savamment épicées.

Il est bien entendu que ces produits gastronomiques ne sortaient point d'un certain cercle assez restreint dont se compose la cuisine de tous les portiers de la grande ville.

C'était d'abord le *miroton* déjà nommé.

Madame Pépin y excellait.

C'était ensuite le *veau aux petits oignons*.

Puis la *gibelotte de lapin*, l'*omelette au lard*, la *soupe aux choux et aux cervelas*, et aussi, pour les grands jours, le plat monumental, la pièce de résistance, l'*oie aux marrons*.

Tiburce n'avait pas d'enfants et s'en réjouissait quotidiennement.

En revanche, et malgré l'ordinaire splendide de ses repas quotidiens, il était parvenu, à force de rapines et d'exactions, à amasser une somme d'argent assez ronde.

Il songeait à arrondir ses capitaux.

Il jouait à la Bourse par l'intermédiaire d'un agent de change qui occupait le rez-de-chaussée du fond de la cour.

Et quand les fonds publics étaient stationnaires, il ne laissait point dormir son argent et prêtait à la petite semaine à d'infimes détaillants du quartier.

Tiburce Pépin, dont nous venons de daguerréotyper le portrait moral, était de taille moyenne et fort laid.

Ses jambes longues, son buste court, ses bras démesurés, sa petite tête en forme de pain de sucre, lui donnaient la grotesque apparence de ces pantins en bois dont les enfants s'amusent à tirer les ficelles.

Son costume habituel consistait en une longue veste de flanelle grise à carreaux violets, en un pantalon de drap couleur saumon et en une paire de chaussons de lisière, claqués de cuir souple.

Tel que nous venons de le décrire, et vers les dix heures du matin d'un jour de novembre, Tiburce, assis dans sa loge auprès du poêle bourré de charbon de terre, tenait entre ses genoux un énorme bol de porcelaine peinte, rempli jusqu'aux bords d'un café à la crême sucré à outrance et dans lequel il trempait des tartines de pain grillé, recouvertes d'une épaisse couche de beurre frais.

Madame Pépin s'efforçait de rendre leur lustre primitif aux panneaux vernis d'une commode en acajou sur laquelle s'étalaient pompeusement une cafetière en porcelaine, un sucrier et six tasses, le tout orné de dorures un peu flétries.

En ce moment la porte s'ouvrit et un jeune homme entra dans la loge.

Il portait une casquette galonnée, une veste rouge et des guêtres grises.

De plus il avait l'air sournois et insolent d'un valet de bonne maison.

— Bonjour, papa Tiburce... dit-il.

— Tiens, c'est vous, m'sieu Georges! répondit le portier; vous voilà donc déjà réveillé?

— Déjà ?... il est dix heures !

— Dame ! c'est que vous vous couchez si tard.

— Ça, c'est vrai ; vous savez, l'habitude !...

— Parbleu, l'habitude !... j'ai pris celle de ne plus m'éveiller quand on sonne passé *ménuit*... C'est madame Pépin qui tire le cordon, et je m'en trouve bien...

— Je le crois sans peine, répondit le domestique en riant.

— Vous venez chercher les journaux et les lettres de M. le comte, n'est-ce pas ?...

— Justement.

— Tout ça est là, à votre main droite, sur le rebord de la fenêtre.

Le domestique prit les lettres et les compta.

— Une, deux, trois, quatre, cinq, six, sept, huit !... fit-il.

— Ni plus ni moins, répondit Tiburce, et dire qu'il en arrive autant tous les jours, et quelquefois plus...

— Le fait est que mon maître et moi, nous sommes assez répandus dans le monde... répliqua le valet en se rengorgeant.

— Et flairez-moi ça, continua le portier, cela sent comme baume !... Toutes lettres de femmes, j'en suis sûr !...

— Nous avons tant de maîtresses !... murmura fort impertinemment M. Georges.

— Cristi ! fit Tiburce avec un geste d'envie, votre maître est bien heureux !... Ah ! oui, on peut dire que voilà un homme bien heureux !...

— Nous ne nous plaignons point du sort ! répondit le valet.

— M. le comte n'est cependant pas beau...

— Il n'a garde !...

— Il n'est plus jeune...

— C'est parfaitement exact !...

— Comment fait-il donc pour plaire à ce sexe enchanteur qui fait notre bonheur ? soupira Tiburce d'un air sentimental.

— Nous sommes riches et généreux, mon cher, cela suffit.

— Pour être aimé ?...

— Pour qu'on nous le dise... ce qui, dans bien des cas, est absolument la même chose...

— Oh !... oh !... fit Tiburce qui ne semblait pas convaincu.

— Volages et inconstants comme nous le sommes, continua le valet, vous comprenez bien que les grandes passions ne sont point notre fait. Nous allons droit au but. On nous donne de la tendresse argent comptant, nous savons ce que cela nous coûte et nous ne sommes pas volés !...

Puis, après avoir débité cette tirade, le valet philosophe sortit de la loge en emportant les lettres et les journaux qu'il était venu chercher.

Il remonta l'escalier, tout en fredonnant du bout des lèvres le vieux refrain de Joconde :

> J'ai beaucoup parcouru le monde,
> Et l'on m'a vu de toute part,
> Courtisant la brune et la blonde,
> Aimer, soupirer au hasard!...

Il monta jusqu'au second étage.

Là il s'arrêta, et, après avoir écarté les battants d'une double porte recouverte en velours vert à clous dorés, il ouvrit une seconde porte à l'aide d'une petite clef qu'il tira de sa poche, et il entra dans un appartement où nous allons le suivre.

XI

MONSIEUR LE COMTE.

L'appartement dans lequel nous allons demander à nos lecteurs la permission de les introduire à la suite du valet de chambre que nous venons d'y voir pénétrer était situé, nous le savons, au deuxième étage.

C'était un de ces logis bien distribués, mais exigus outre mesure, véritables *nids à rats* inventés par l'industrialisme parisien qui a cherché et trouvé le moyen de caser beaucoup de monde dans peu d'espace, mesurant à chacun l'air et la lumière et lui faisant payer fort cher le peu qu'il en accorde.

Cet appartement se composait de cinq ou six pièces.

Nos aïeules n'auraient point admis que la plus grande de ces pièces fût de dimensions suffisantes pour leur servir de garde-robe ou de cabinet de toilette.

Toutes ces pièces, réunies les unes aux autres, n'atteignaient pas l'ampleur majesteuse d'un salon au dix-huitième siècle.

C'était d'abord une antichambre, peinte à l'huile en couleur d'érable, meublée d'une douzaine de porte-manteaux et de banquettes recouvertes en velours grenat.

Aux porte-manteaux se voyaient, suspendus et bien étalés, deux habits de grande livrée.

Ces habits, du bleu héraldique vulgairement nommé *azur*, attiraient le regard par la profusion des galons dorés qui les chamarraient sur toutes les coutures et par la largeur extravagante de leurs boutons armoriés et timbrés d'une couronne comtale.

Des aiguillettes bleu et or pendaient sur l'épaule gauche.

Deux chapeaux de castor, galonnés à outrance et pourvus de larges cocardes de drap d'or, étaient accrochés à côté de ces somptueuses défroques.

Pour se permettre un pareil étalage de galons

et de dorures, il fallait être un très-grand seigneur, un dentiste en vogue, ou un intrigant assez vulgaire.

Nous saurons bientôt à laquelle de ces trois catégories appartenait le personnage dont nous visitons l'intérieur.

Après l'antichambre se trouvait un salon carré, éclairé par deux fenêtres qui donnaient sur la rue.

Au premier aspect ce salon paraissait splendide.

Les pieds y foulaient un moelleux tapis d'Aubusson, les rideaux et les portières étaient en brocart aux nuances éclatantes, une magnifique pendule trônait sur la cheminée entre deux potiches du Japon de taille gigantesque ; enfin l'œil s'arrêtait de toutes parts sur des meubles de Boule, sur des tableaux magnifiquement encadrés et sur des glaces de Venise étincelantes dans leurs bordures ciselées en cuivre doré ou en filigrane d'argent.

Tout cela, nous le répétons, paraissait d'abord très-luxueux et d'assez bon goût.

Mais, pour un véritable connaisseur, cette illusion durait peu.

On ne tardait point à reconnaître ce luxe faux

et mesquin (sorte de pastiche d'une véritable richesse et d'une véritable élégance), particulier aux filles entretenues dont les amants n'ont pas cent mille écus de rentes et un nom historique, et aux aventuriers qui cherchent à établir leur position dans le monde en jetant de la poudre aux yeux.

Ainsi le tapis était une reproduction médiocre des admirables produits de la manufacture royale.

Le brocart, examiné avec soin, devenait une modeste brocatelle de Lyon, d'une qualité médiocre et d'un prix modeste.

Rien ne se pouvait voir de plus vulgaire que le sujet de la pendule, achetée dans quelqu'un des vastes magasins de pacotille du boulevard Saint-Martin.

Les potiches étaient des imitations fabriquées tout récemment à Limoges.

Les meubles de Boule sortaient des ateliers du faubourg Saint-Antoine.

Les tableaux étaient des copies, comme on peut s'en procurer facilement à l'hôtel Bullion, pour une modique somme de cinquante francs.

Quant aux glaces de Venise, leur origine incontestablement française ne pouvait se révoquer en doute, et leurs cadres, anti-artistiques s'il en fut, obtenus à l'emporte-pièce et au repoussoir, ne pouvaient tromper que les yeux peu clairvoyants de ces bons bourgeois qui estiment l'acajou et le palissandre et se laissent prendre à tout ce qui brille.

Au moment où le valet qui nous sert de guide pénétrait dans ce salon prétentieux, un violent appel de sonnette se fit entendre à deux reprises différentes.

Ce bruit venait d'une pièce située à côté du salon.

Le valet n'en alla pas plus vite.

Il souleva flegmatiquement une portière, tourna le bouton de cristal d'une porte blanche et or, et entra dans la chambre à coucher où la sonnette venait de retentir.

Il se trouva face à face avec son maître, qui, assis sur son séant sous les rideaux de soie blanche et rose de son lit, tenait encore à la main la petite cloche d'argent qu'il se préparait à agiter de nouveau.

Ce nouveau personnage (nouveau quant à présent du moins), avec lequel il importe que nous fassions ou que nous refassions connaissance, était un homme d'une cinquantaine d'années, d'une laideur originale et caractéristique et d'une force herculéenne.

Debout, il devait avoir plus de six pieds, à en juger par le développement de son buste.

Sa chemise de fine batiste laissait, en s'entr'ouvrant, voir sa poitrine, velue comme celle d'un serrurier ou d'un ours.

Sa coiffure du matin donnait une expression drôlatique aux traits gros et fortement colorés de sa figure.

Cette coiffure consistait en une trentaine de papillotes, soigneusement passées au fer la veille au soir et qui se hérissaient tout autour de la tête en s'entrechoquant au moindre mouvement.

L'expression de ce visage était pour le moment hargneuse et refrognée.

— *Chour te tieu ! c'est pien heureux !...* s'écria-t-il au moment où le valet franchissait le seuil de la chambre; *foilà blus te quadre fois que che fous sonne, trôle que fous êdes !...*

Cet accueil ne sembla nullement déconcerter le domestique.

Seulement, au lieu de continuer à avancer, il s'arrêta et se tint immobile dans la position du soldat sans armes.

— *T'où fenez-fous ?...* demanda le maître.

— Je viens d'exécuter les ordres de monsieur le comte.

— *Quels ortres ?...*

— Monsieur le comte ne m'a-t-il pas dit d'aller chercher ses lettres et ses journaux ?...

— *Sans toute, mais che ne fous ai bas tit te resder une temi-heure tans la loche du bortier, gomme fous fenez te le faire...*

— Monsieur le comte me permettra de lui faire observer que je n'aurais fait que monter et descendre si cela m'avait été possible ; mais le concierge, M. Pépin, ayant momentanément quitté son domicile et en ayant emporté la clef avec lui, j'ai dû attendre son retour afin de ne point remonter les mains vides.

— *Allons, c'est pien...* répondit le comte ; *mais, une autre fois, dâchez t'êdre moins longdemps en pas...*

— Oui, monsieur le comte.

— *Où sont ces lettres et ces chournaux ?..*

— Les voici.

— *Pon ! — maindenant ne fous en allez bas, et brébarez dout bour ma doilette...*

— Oui, monsieur le comte.

Le maître de Georges se mit en devoir de décacheter ses lettres et de les parcourir, et Georges lui-même prépara tout, ainsi qu'il venait d'en recevoir l'ordre, pour une toilette à laquelle nous allons bientôt assister.

Expliquons maintenant à nos lecteurs ce que c'était que *monsieur le comte* ou, du moins, ce que l'on savait et ce que l'on disait de lui.

Fritz Ritter, comte de Landerhausen, était arrivé de Westphalie quatre ans avant l'époque à laquelle remontent les faits de cette histoire.

Il était muni d'un passeport parfaitement en règle et d'une lettre de crédit sur l'une des principales maisons de banque de Paris.

Le passeport constatait que Fritz Ritter, comte de Landerhausen, venait de son château de Landerhausen et se rendait en France, où il comptait faire un séjour plus ou moins long.

La lettre de crédit était de sept cent mille francs.

Lors de son arrivée à Paris, monsieur le comte ne parlait pas du tout français, ou, tout au moins, le parlait d'une façon complétement inintelligible.

Mais, soit travail obstiné, soit prédisposition merveilleuse, monsieur le comte fit des progrès tellement rapides qu'en très-peu de temps il put se faire comprendre sans difficulté.

Seulement il conserva dans toute sa pureté un abominable accent tudesque dont nous avons donné un échantillon un peu plus haut, accent que, par parenthèse, nous supprimerons à l'avenir de notre autorité privée, faisant parler *monsieur le comte* comme tout le monde lorsque l'occasion se présentera de le mettre en scène.

Fritz Ritter s'installa d'abord à l'hôtel des Princes, où il passa quelques mois, vivant le plus simplement du monde et dépensant fort peu d'argent.

Au bout de ce temps il loua un petit appartement rue de Provence, il le fit meubler par un tapissier qu'il paya comptant, il prit des domestiques et il acheta des chevaux.

A partir de ce moment son existence devint des plus singulières.

Monsieur le comte n'avait aucunes relations à Paris.

Le banquier sur la maison duquel il possédait une lettre de crédit de sept cent mille francs, et à qui il était allé faire une visite, lui proposait obligeamment de lui faire ouvrir les portes de quelques salons.

Monsieur le comte déclina cette offre.

Il se prétendit misanthrope.

Le banquier n'insista pas.

On ne rencontra donc jamais monsieur le comte dans le monde ; mais, en revanche, on le vit dans tous les endroits où se donnent rendez-vous les faciles héroïnes de la galanterie parisienne.

Monsieur le comte fut l'assidu commensal des avant-scènes des petits théâtres, le fidèle habitué des bals d'été et des bals d'hiver, le cavalier servant des lorettes en vogue, le protecteur intéressé des jeunes débutantes.

Monsieur le comte ne manquait pas plus que le grand Musard lui-même aux saturnales de l'Opéra.

Il allait jusqu'à se fourvoyer dans les orgies carnavalesques du Wauxhall et de Valentino.

Il hantait le même soir la coupole du Ranelagh et les feuillages en fer-blanc peint du bal Mabille.

Toutes les habituées de ces établissements honorables connaissaient plus ou moins monsieur le comte, et pas une d'entre elles n'ignorait qu'il ne refusait jamais deux ou trois louis et un souper, pourvu que la quémandeuse fût jolie.

Bref, les fragiles beautés du quartier Bréda professaient à l'endroit de notre personnage les sentiments les plus vifs d'estime et de confiance, et, quand il faisait son entrée dans quelque bal, une foule de jolis doigts s'approchaient de lèvres roses pour lui envoyer des baisers.

XII

MADAME BELPHÉGOR.

Les habitudes anacréontiques de monsieur le comte amenaient chez lui, comme bien on pense, d'innombrables visiteuses.

Ces visiteuses, dont la plupart jouissaient d'une assez fâcheuse célébrité, effarouchèrent la susceptibilité pudibonde de quelques-uns des locataires de la maison qu'habitait Fritz Ritter, comte de Landerhausem.

On lui signifia qu'il fallait modifier ses habitudes ou chercher un autre gîte.

Le choix de monsieur le comte n'était pas douteux.

Six mois après il prenait possession de l'appartement de la rue Saint-Lazare, où nous venons de le retrouver.

Quand Fritz Ritter eut achevé de parcourir les billets amoureux que Georges lui avait apportés et qui se résumaient presque tous dans quelque demande d'argent, quand il eut jeté les yeux sur les journaux de théâtres, qu'il eut étudié la composition de tous les spectacles et le nom de toutes les actrices qui jouaient dans chaque pièce, il étendit les bras, il bâilla d'une façon formidable, et il dit à son domestique, toujours avec cet accent allemand que nous supprimerons désormais :

— Tout est-il prêt ?

— Oui, monsieur le comte.

— Dans ce cas je me lève.

Le comte, en effet, rejeta loin de lui sa courte-pointe blanche et rose et ses draps de toile de Hollande.

Alors apparurent dans toute leur splendeur ses genoux musculeux et ses mollets d'Hercule Farnèse, qui auraient fait l'envie et le désespoir de tous les Alcides nomades et de tous les lutteurs de cirques ambulants.

Monsieur le comte enfonça ses larges pieds dans des pantoufles de maroquin cerise, brodées d'or et de soie.

Il passa un large pantalon du matin en cachemire d'un gris pâle, et une courte robe de chambre en flanelle violette à liserés blancs.

Ceci fait, il vint s'asseoir au coin du feu dans une confortable chauffeuse, recouverte en satin Pompadour, comme tous les autres meubles de cette pièce coquette, qui ressemblait bien plus au boudoir d'une jolie femme qu'à la chambre à coucher d'un homme.

Georges apporta devant son maître une toilette très-basse, pourvue d'une grande glace et dont le marbre blanc était encombré d'une foule de petits objets dont chacun allait avoir sa destination.

Le valet couvrit d'abord le bas du visage de son maître d'une couche de savon mousseux et parfumé et lui fit la barbe avec une dextérité merveilleuse.

Cette première opération achevée, les papillotes de monsieur le comte furent enlevées l'une après l'autre. Georges enduisit d'un cosmétique brun chacune des boucles de sa chevelure, dont la nuance indéfinissable se transforma complétement.

Monsieur le comte ne tarda point à ressembler au mieux frisé de tous les griffons noirs.

Georges eut ensuite un instant de repos.

Fritz Ritter se chargeait lui-même de frotter sa figure avec le coin d'une serviette trempée dans quelques gouttes d'une eau très-limpide que renfermait un grand flacon de cristal de roche.

Cette eau n'avait pas plus tôt touché la figure que le teint devenait subitement blanc et uni, de cuivré et couperosé qu'il était d'abord.

Un peu de rouge, artistement placé sous les yeux et sur les pommettes, donnait du brillant au regard, de la fraîcheur aux joues et restituait à l'ensemble du visage un aspect juvénile.

Avec une épingle noire, présentée pendant une ou deux secondes à la flamme d'une bougie, monsieur le comte agrandit et régularisa la courbe de ses sourcils.

Une pommade au carmin donna à ses lèvres l'éclat et la rougeur d'une cerise mûre.

Ceci fait, monsieur le comte se regarda avec une profonde attention dans la glace, comme on regarde un tableau ou un objet d'art.

Sans doute le résultat de cet examen fut satisfaisant, car il se termina par un sourire que monsieur le comte envoya à son image.

Georges s'apprêtait à passer une chemise à son maître, à le chausser et enfin à l'habiller complétement, quand on entendit retentir la sonnette de la porte d'entrée, agitée d'une façon discrète.

Le valet sortit aussitôt de la chambre pour aller reconnaître ce visiteur matinal.

Il revint au bout d'un instant.

— Eh bien ! demanda le comte ; qui était-ce ?...

— Madame Belphégor, répondit le valet.

— Que lui avez-vous dit ?

— Je lui ai dit que j'allais prévenir monsieur le comte.

— Où l'avez-vous laissée ?...

— Dans le salon, elle attend.

— Faites entrer madame Belphégor.

Georges souleva la portière intérieure, ouvrit la porte et dit :

— Entrez, madame.

Puis il se retira aussitôt que la visiteuse eut dépassé le seuil de la chambre.

Seulement nous ne prendrions pas sur nous d'affirmer qu'il ne resta point à portée d'entendre ce qui allait se dire.

Si nos lecteurs supposent que monsieur le comte se trouvait en bonne fortune avec madame Belphégor, ils se trompent.

La nouvelle venue était une toute petite femme qui n'était plus jeune et n'avait jamais été belle.

Elle approchait de sa cinquantième année, elle

était toute ronde à force d'être grasse, ce qui fait qu'elle paraissait rouler plutôt que marcher.

Sa figure bouffie, toute sillonnée d'un réseau de petites rides presque imperceptibles, offrait les tons chauds et fortement colorés de la pomme de reinette à la fin de l'automne.

Ce visage rubicond exprimait habituellement la jovialité et la bonne humeur.

En voyant passer madame Belphégor, on devait se dire :

— Voilà la meilleure petite femme qu'il y ait au monde.

En l'examinant avec plus de soin, on s'apercevait sans peine que les yeux et le regard démentaient de point en point les promesses de cette physionomie.

Les yeux étaient petits, d'un gris pâle, et à pupilles très-dilatées.

Le regard, froid et perçant comme une lame d'acier, mais fuyant obliquement quand il rencontrait l'éclair d'un autre regard franc et investigateur, dénotait une perversité diabolique et les instincts les plus bas et les plus cupides.

Madame Belphégor portait une robe de soie puce, un chapeau de satin grenat et un vieux châle des Indes auquel elle s'efforçait de faire dessiner les contours rebondis de sa massive personne.

Elle avait une châtelaine de style Louis XV, émaillée en bleu et garnie de perles.

A cette châtelaine appendait une petite montre de la même époque.

Trois bracelets d'une valeur considérable s'ajustaient à chacun des gros poignets de madame Belphégor.

Un large camée attachait sur la poitrine le châle de la matrone, qui portait en outre à tous ses doigts des bagues assez belles.

Madame Belphégor, peut-être nos lecteurs l'ont-ils deviné déjà rien qu'à son nom et à sa toilette, madame Belphégor était une de ces infernales créatures qui spéculent sur la misère, se font payer le déshonneur, et dont le métier infâme est suffisamment désigné par l'expression d'*entremetteuse* [1].

Ce livre est destiné à mettre à nu quelques-

---

[1]. Nous le disons hautement, le croquis que nous venons de tracer n'est point une silhouette de fantaisie, — c'est un portrait peint d'après nature. — Madame Belphégor existe, — beaucoup de nos lecteurs la reconnaîtront, et le triste épisode dans lequel elle va jouer un rôle important est entièrement et de tout point vrai. — Nous n'avons fait que changer les noms des personnages.

unes des plaies honteuses de notre société moderne.

Madame Belphégor y devait avoir sa place.

Fritz Ritter lui fit signe de s'asseoir.

— Bonjour, ma chère! lui dit-il.

— Monsieur le comte, j'ai l'honneur d'être votre très-humble servante... répondit la vieille coquine en faisant coup sur coup deux révérences.

Puis elle prit place de l'autre côté de la cheminée, et ses lèvres dessinèrent leur plus gracieux sourire.

— Quoi de nouveau ?... demanda le comte.

— Dame! rien, ou beaucoup : c'est comme monsieur le comte voudra...

— Expliquez-vous, madame Belphégor.

— Je veux dire que j'attends les ordres de monsieur le comte, et que, si difficiles qu'ils puissent être à exécuter, je ferai tous mes efforts pour satisfaire mon meilleur client.

Monsieur le comte se mit à bâiller, comme il avait déjà fait un peu auparavant, après avoir décacheté et lu les billets doux.

— On dirait que monsieur le comte s'ennuie !... hasarda madame Belphégor d'une voix humble et d'un ton soumis.

— En effet, répondit Fritz Ritter, je m'ennuie,

comme vous dites, je m'ennuie, même beaucoup!...

Madame Belphégor fit un geste de stupeur.

Monsieur le comte bâilla de nouveau.

— Il me semble cependant, murmura la matrone d'un air un peu piqué, il me semble que je ne néglige rien pour amuser monsieur le comte!

— Eh! justement, répondit ce dernier, vous m'avez tant amusé, ma chère, que voilà pourquoi je m'ennuie.

La sensation qu'éprouva madame Belphégor fut du même genre que celle que dut ressentir Mme de Maintenon en découvrant que Louis XIV, son auguste époux, n'était plus amusable.

XIII

L'ENTREMETTEUSE.

Où il est prouvé qu'il existe plus de rapports qu'on ne le suppose généralement entre l'amour et la soupe aux choux.

Il y eut un instant de silence, puis la conversation commencée entre Fritz Ritter, comte de Landerhausen, et madame Belphégor se poursuivit ainsi :

— Vous disiez donc, monsieur le comte ?... — demanda l'entremetteuse.

— Je disais que je m'ennuyais, ma chère...

— Et cela parce que vous vous étiez trop amusé ?...

— Justement.

— Ainsi toutes les peines que je me suis données pour vous plaire...

— Et que je vous ai bien payées, par parenthèse, n'ont abouti qu'à me blaser de la façon la plus complète.

— Ainsi toutes ces jolies petites femmes avec lesquelles je vous ai fait faire connaissance ?...

— N'ont plus aucune espèce de charme pour moi.

— C'est incompréhensible !...

— Je ne dis pas le contraire, mais c'est comme cela...

Le comte se prit à bâiller pour la troisième fois.

Madame Belphégor jeta un regard sur les épaules, sur la chevelure bien fournie et sur les formes herculéennes de son interlocuteur.

Ce regard sembla redoubler sa stupéfaction.

— Ah! fit-elle, si vous étiez un de ces petits vieux, comme j'en connais tant, tout à fait chauves et à moitié phtisiques, maigres comme des chats de gouttière, jaunes comme des citrons mûrs, goutteux, catharreux, asthmatiques et le reste, je me rendrais compte de ce que vous venez de me dire. On ne peut pas être et avoir été! Tant va la cruche à l'eau, qu'enfin elle se casse! Otez l'huile, la lampe s'éteint!... Mais vous !... vous, monsieur le comte !... un si bel homme !... et fort !... tenez, je suis sûre que vous assommeriez un bœuf d'un coup de poing !...

— Mais oui, répondit négligemment Fritz Ritter en retroussant la manche de sa robe de chambre et en mettant bien en évidence un poing robuste comme le marteau d'un forgeron.

— Vous en convenez ! s'écria madame Belphégor, et d'ailleurs je le savais ! Ces petites dames, vos bonnes amies, m'ont bien souvent parlé de vous, et elles me racontaient des choses... oh ! mais, des choses... qui vous faisaient joliment honneur, allez !...

— Ces dames sont bien bonnes ! dit ironiquement monsieur le comte.

— Oh ! ne vous en moquez pas !... poursuivit madame Belphégor : elles s'y connaissent, croyez-moi !...

— Elles s'y connaissent même beaucoup trop ! murmura le comte.

Madame Belphégor devina ce mot plutôt qu'elle ne l'entendit, et fit sur son fauteuil un brusque soubresaut.

Dans les dernières paroles prononcées par l'étranger, il y avait pour elle toute une révélation.

— Monsieur le comte, fit-elle d'une voix insinuante, je crois que maintenant je sais pourquoi vous vous ennuyez tant...

Fritz Ritter fit un signe de doute.

Madame Belphégor poursuivit :

— Et la preuve que je le sais, c'est que je vais vous le dire...

— J'attends, murmura le comte.

— Vous vous ennuyez, continua madame Belphégor, parce que vous avez connu jusqu'à présent des donzelles trop bien stylées. Dame ! je croyais que c'était ça qu'il vous fallait, et j'agissais en conséquence. Maintenant vous en avez par-dessus la tête, de toutes ces belles dames, et vous voudriez tâter d'autre chose. Suffit, mon mignon ! on fera en sorte, et vous ne vous plaindrez plus de votre pauvre madame Belphégor, qui ne cherche qu'à vous être agréable.

— Que voulez-vous dire ?... demanda le comte.

— Je veux dire que vous êtes comme ces gourmets émérites, dégoûtés du faisan et des truffes et à qui l'appétit revient en mangeant de la soupe aux choux; en d'autres termes, les airs de duchesse de nos actrices et de nos lorettes vous donnent sur les nerfs, leurs velours et leurs dentelles vous agacent, leur *patchouli* et leur *bouquet de Chantilly* vous font mal à la tête. Eh bien ! on vous déterrera quelque chose de bien simple, de bien naturel, de bien innocent même, et vous verrez que vous trouverez ça bien gentil !...

Une sorte de sourire vint écarter les grosses lèvres de Fritz Ritter.

Madame Belphégor comprit qu'elle avait fait vibrer la corde sensible.

— Dites un peu que je n'ai pas raison ? demanda-t-elle.

— Je n'en sais rien, répondit le comte.

— Comment, vous n'en savez rien ?...

— Non, en vérité ! Vous parliez de soupe aux choux, tout à l'heure. Servez-moi de la soupe aux choux et nous verrons si l'appétit me revient.

— C'est juste.

— Qu'allez-vous faire ?

— Me mettre en quête.

— Avez-vous quelque chose en vue ?

— Parbleu !... est-ce que vous croyez que je suis une femme qu'on puisse prendre au dépourvu ?...

— Oh ! je ne vous accuse point de cela, fit le comte.

Madame Belphégor continua d'un ton majestueux :

— Mes nombreuses relations dans tous les quartiers de Paris et dans toutes les classes de la

8.

société me permettent d'amener à bien, en peu de temps et avec la plus inviolable discrétion, les unions les plus difficiles et les moins bien assorties... absolument comme messieurs les agents matrimoniaux brevetés et patentés. Seulement, moi je marie au treizième arrondissement, voilà toute la différence...

Madame Belphégor se mit à rire.

Puis elle ajouta :

— Je dois prévenir monsieur le comte qu'il sera indispensable de modifier quelque peu la question pécuniaire dans nos petites transactions.

— Comment cela ?...

— Il me semblait impossible de travailler aux anciens prix....

— Pourquoi ?

— Dame! parce que toute peine mérite salaire, parce que je vais me donner beaucoup de mal pour dénicher des vertus bon teint et qui ne soient pas marchandises de contrebande, parce que je joue gros jeu, attendu qu'on me laisse parfaitement tranquille tant qu'il ne s'agit que de ménager à vous et à d'autres des relations avec ces *demoiselles*, mais que M. le procureur du roi pourra fort bien se mêler de mes petites affaires quand je vais sortir de ma spécialité habituelle à l'intention de votre soupe aux choux, et parce qu'enfin le fait de *détournement de mineure* (c'est comme ça qu'on appelle la chose en question) est parfaitement prévu et puni par le Code !...

— Et pour moi, demanda monsieur le comte, il n'y aura pas de danger, j'espère ?

— Pas le moindre ! Vous ne vous mêlez de rien. Les alouettes vous tomberont toutes rôties, et si quelqu'un doit être tourmenté, c'est sur cette pauvre madame Belphégor que les tourments tomberont...

— A la bonne heure !

— Voyons, y mettrez-vous le prix ?...

— Vous savez bien que je ne regarde pas à l'argent ; mais cependant n'allez pas me ruiner !...

— Soyez tranquille ! Vous me connaissez : je ne vous ferai pas payer les choses seulement le quart de ce qu'elles vaudront.

— Fort bien !

— Êtes-vous pressé ?

— Par curiosité, oui. Autrement, pas le moins du monde.

— Du reste je ne perdrai pas une minute, et, sans me vanter, je crois que je ne dois craindre personne pour l'habileté et la promptitude, et que je mène les choses lestement !

Après cet éloge court, mais pompeux, madame Belphégor quitta le fauteuil dans lequel elle s'était installée au commencement de l'entretien.

— Vous partez !..... demanda Fritz Ritter.

— Oui, je vais avoir l'honneur de prendre congé de monsieur le comte.

— Quand vous reverrai-je ?

— Dans trois ou quatre jours à peu près, sitôt que j'aurai à vous apporter quelque nouvelle satisfaisante.

— Nous verrons si vous ne vantez point trop les mérites de votre soupe aux choux, dit le comte en riant.

— Ah! répondit madame Belphégor avec une impudente familiarité, quand vous en aurez goûté, de ma soupe aux choux, mon mignon, vous vous en lècherez les doigts jusqu'aux coudes, c'est moi qui vous le dis !...

Madame Belphégor fit trois révérences; puis elle quitta la chambre à coucher et sortit de l'appartement.

Dans l'escalier elle rencontra Tiburce Pépin.

La digne matrone arrêta ce concierge et lui offrit une prise de tabac dans sa tabatière de porcelaine de Sèvres enrichie d'un sujet *leste*.

Ensuite elle entama avec lui un entretien confidentiel.

Cet entretien roulait sur les modifications survenues dans le personnel féminin des locataires de la maison.

Madame Belphégor ne manquait jamais de questionner les portiers.

C'est par eux qu'elle se créait ces nombreuses relations dont elle se montrait à bon droit si fière.

Par eux elle savait que la gêne commençait à se manifester dans tel ménage, que tel mari trompait sa femme, qui ne reculerait guère devant la peine du talion à infliger à l'époux infidèle, que telle jeune fille se lassait du joug maternel et songeait à prendre sa volée vers les espaces de la galanterie.

Madame Belphégor, en femme habile qu'elle était, prenait bonne note de tous ces précieux renseignements, les enfermait avec soin dans les cases bien numérotées de sa mémoire toujours fidèle, et s'en servait à l'occasion.

Ce jour-là, son entretien avec Tiburce Pépin fut court.

Le portier n'avait rien à dire qui fût digne de fixer son attention.

Elle lui offrit une seconde prise de tabac et elle le quitta.

Devant la porte une citadine jaune, prise à l'heure, attendait la matrone, qui faisait chaque jour un fort grand nombre de courses, rendues indispensables par la prodigieuse extension qu'à force d'industrie elle avait su donner à son *commerce*.

Madame Belphégor monta dans ce véhicule.

— Où allons-nous, ma bourgeoise? demanda le cocher après avoir refermé la portière.

— Rue de Paradis-Poissonnière, n° 7, répondit madame Belphégor.

L'automédon remonta sur son siége et la citadine se mit à rouler rapidement vers la direction indiquée.

§

Cependant Georges avait achevé la toilette de son maître, toilette un instant interrompue par l'arrivée de madame Belphégor.

Le comte, élégamment vêtu d'un pantalon gris-perle avançant sur la botte pour dissimuler un peu l'ampleur inusitée du pied, — d'un gilet de velours marron, — d'un habit bleu à boutons de métal, — d'un pardessus de couleur claire, —

et coiffé d'un chapeau à larges ailes, un peu penché vers l'oreille droite, mit ses gants, prit une canne à pommeau ciselé, puis, comme le temps était beau, se dirigea pédestrement du côté du café Anglais, où il déjeunait tous les matins.

XIV

RUE DE PARADIS-POISSONNIÈRE, N° 7.

Le fiacre de madame Belphégor s'arrêta devant la maison indiquée.

La digne entremetteuse descendit de voiture assez lestement, s'engagea dans l'allée, et se mit à gravir, non sans souffler et sans s'arrêter à chaque marche, un escalier fort raide et fort mal entretenu.

Comme elle arrivait à peu près à la hauteur du troisième étage, elle se croisa avec un jeune homme qui descendait rapidement et qui, au lieu de la laisser passer, la heurta du coude et la renversa presque, avec une brusquerie évidemment préméditée, puis, au lieu de lui adresser quelques mots d'excuse, continua son chemin, après lui avoir lancé un regard foudroyant de haine, de mépris et de colère.

Madame Belphégor s'accrocha à la rampe et poussa les hauts cris.

Ensuite, après avoir exprimé son indignation dans un langage digne des halles, elle se retourna une dernière fois et lança au jeune homme, qui était arrivé au bas de l'escalier, ce mot dans lequel, à son point de vue, se résumaient toutes les injures :

— Va-nu-pieds !...

Puis, un peu soulagée par ce débordement de fureur qui l'aurait étouffée si elle avait essayé d'y mettre une digue, elle continua son ascension.

Le jeune homme qui s'était permis à l'endroit de madame Belphégor un véritable crime de lèse-galanterie ne paraissait point mériter l'épithète méprisante dont elle venait de le foudroyer.

Il avait vingt-quatre ans à peine.

Les traits de son visage étaient doux et gracieux comme ceux d'une jeune fille, et cependant leur expression ne manquait pas d'une fermeté toute virile.

La pâleur mate et transparente de son teint se nuançait par instants d'une faible teinte rosée ;

— ses grands yeux, d'un bleu sombre et profond, étaient tour à tour pleins de langueur et pleins de flammes.

Ses sourcils noirs, aussi bien que les cheveux qui couronnaient un front large et merveilleusement modelé, complétaient un ensemble d'une beauté frappante et d'une remarquable distinction.

La forme fine et patricienne du pied et de la main s'accordaient bien avec le caractère aristocratique du visage.

Le cadre, par malheur, n'était pas digne du tableau.

Les vêtements du jeune homme, quoique leur propreté n'eût rien de suspect, étaient disgracieux et inélégants.

Une redingote trop longue et d'un drap bleu un peu grossier s'ajustait mal à sa taille fine et élancée.

Son linge était commun.

Son pantalon, inhabilement taillé, servait d'enveloppe disgracieuse à des jambes qui eussent merveilleusement porté la culotte collante et le bas de soie blanc de nos ancêtres de la Régence.

Ajoutez à tout cela un chapeau qui datait de deux ans, — des gants de filoselle noire et des souliers lacés, à fortes semelles garnies de clous robustes.

Évidemment ce jeune homme était pauvre.

De là l'exaspération furibonde de madame Belphégor, pour qui la pauvreté était le plus honteux et le plus impardonnable de tous les vices.

D'ailleurs elle connaissait déjà le jeune homme en question.

Elle le connaissait même de longue date et elle le haïssait cordialement.

Quels étaient les motifs de cette haine,— haine réciproque, nous devons l'avouer?

Voilà ce que nous saurons bientôt.

Madame Belphégor, avons-nous dit, continua son ascension.

Elle s'arrêta, haletante, en face de l'une des portes du sixième étage.

Elle saisit une ficelle qui pendait à côté de cette porte, en guise de cordon de sonnette, et elle la secoua violemment et à plusieurs reprises.

Le bruit strident d'une voix colère qu'on entendait glapir à l'intérieur s'éteignit aussitôt, et la porte s'ouvrit.

Madame Belphégor entra, et, à peine entrée, elle se laissa tomber sur une chaise où elle s'efforça de reprendre haleine.

La pièce assez vaste dans laquelle elle venait de pénétrer était une de ces antichambres qui servent en même temps de salle à manger et de chambre de travail aux plus pauvres ménages parisiens.

La misère s'y montrait de toutes parts.

On y marchait sur un carrelage qui n'était ni frotté ni même mis en couleur.

Le papier à huit sous le rouleau qui recouvrait les murailles était gras et éraillé.

De vieux cordons, tendus en travers, supportaient du linge en mauvais état, mal blanchi et à moitié sec.

Des lithographies du *Charivari* étaient collées avec des pains à cacheter contre les murs.

Sur une table ronde en noyer se voyaient deux tambours à raccommoder la dentelle, — une carafe ébréchée remplie d'un vin violet, — un pain entamé, — un morceau de fromage de Brie dans un fragment de journal et un volume graisseux et usé d'un roman de Paul de Kock.

Voici quelle était la mise en scène des personnages qui se trouvaient dans cette chambre.

Au premier plan, madame Belphégor assise, — essoufflée, — irritée, — cramoisie, — suant, soufflant, — appuyant ses gros poings sur ses larges hanches et s'efforçant de restituer à ses poumons la dose d'air vital que la colère et la montée en avaient fait sortir.

En face d'elle, et debout, une femme grande et maigre, aux mains crochues, à la figure fausse, au regard méchant.

Enfin, derrière la table ronde, et sanglotant amèrement, une jeune fille dont on ne pouvait voir le visage, par la raison bien simple qu'elle le cachait dans ses mains.

Il y eut quelques instants de silence.

Madame Belphégor soufflait.

La femme maigre semblait attendre.

La jeune fille pleurait toujours.

Enfin l'équilibre se rétablit entre la respiration de madame Belphégor et les palpitations de l'organe que nous nous refusons à appeler son cœur.

La parole lui revint, et avec la parole le sentiment de la colère, qu'elle laissa s'évaporer tout aussitôt au dehors.

— Ah! le brigand!.. s'écria-t-elle.

— Quoi?.. demanda la femme maigre.

Madame Belphégor reprit :

— Ah! le coquin!..

— Qui? demanda la même femme.

Madame Belphégor continua avec un redoublement d'énergie et d'exaspération :

— Ah! le drôle!... ah! le scélérat!... ah! le gueux!... ah! le polisson!...

Elle aurait continué sans doute, mais elle dut s'arrêter faute d'haleine.

La femme maigre profita de ce temps d'arrêt forcé pour interroger avec persistance.

— Qui donc?... quoi donc? demanda-t-elle; voyons, sœur, de qui parles-tu?

— Eh! s'écria madame Belphégor, de qui parlerais-je si ce n'est de ce va-nu-pieds, de ce maudit, de ce mendiant de Jules?...

— Jules!... répéta avec une intonation haineuse la sœur de madame Belphégor.

— Lui-même!... l'infâme canaille!... le brigant!... le serpent!...

— Tu l'as rencontré?

— Oui.

— Dans la rue?

— Non; — dans l'escalier.

— Est-ce qu'il t'aurait manqué de respect?...

— S'il m'en a manqué?... mais je crois bien, qu'il m'en a manqué!.. il m'a bousculée, que j'en ai été à moitié chavirée, et que je ne sais pas comment je ne m'en suis point pâmée sur le coup!...

— Ah! le gredin!... s'écria à son tour la femme maigre en menaçant la porte de son poing fermé.

Les sanglots de la jeune fille redoublèrent.

— Est-ce qu'il venait d'ici? demanda madame Belphégor.

— Parbleu!... répondit sa sœur.

— Il croyait donc que tu n'y étais pas?

— Il m'avait guettée, le gueusard!... il m'avait vue sortir pour aller aux provisions....

— Et il avait profité de ça, le vaurien de roué?...

— Comme tu dis.

— Alors, que s'est-il passé?

— Il s'est passé que je me suis doutée de quelque chose et que je suis remontée presque tout de suite.

— Et tu les as trouvés ensemble?..

— Qui se juraient de s'aimer toujours et de s'unir prochainement!... Parole d'honneur, c'était touchant!...

— Je vois ça d'ici. — Et qu'est-ce que tu as fait, ma sœur?...

— Dame! tu comprends, ça a chauffé!...

— Fichtre! je le crois bien! il y avait de quoi!...

— J'ai commencé par souffleter mamzelle Norine, qu'elle a dû avoir trente-six chandelles et que le diable en a pris les armes!...

— Tu as bien fait!...

— Je m'en pique.

— Et après?

— Après? J'ai pris ce m'sieu Jules par la peau du cou, ni plus ni moins qu'un lapin vidé; — je lui ai dit que si jamais il avait le malheur de mettre seulement un pied chez moi, je criais à la garde et je vous le faisais empoigner et conduire aux galères comme *détourneur* de filles mineures, et enfin je vous l'ai flanqué à la porte en lui donnant un coup de pied quelque part.

La sœur de madame Belphégor n'avait pas achevé de prononcer ces paroles que soudain la scène changea.

La jeune fille qui, jusqu'à ce moment, n'avait fait que gémir et sangloter, se leva frémissante et vint se placer droite et la tête haute, à côté des deux interlocutrices dont nous avons rapporté le honteux dialogue.

L'indignation se lisait éloquemment sur son beau visage encore baigné de pleurs mal essuyés.

Elle appuyait la main sur sa gorge haletante,

comme pour comprimer les battements impétueux de son cœur.

Et enfin elle s'écria :

— Oh ! ma mère !... ce n'est pas vrai !...

XV

NORINE.

Madame Belphégor et sa sœur regardèrent avec un dédaigneux étonnement la jeune fille qui venait de se mêler à leur entretien d'une façon si inattendue et si énergique.

L'entremetteuse se mit ensuite à rire d'un rire grossier et trivial.

La femme maigre haussa les épaules et fit un geste de colère et de menace.

La jeune fille répéta pour la seconde fois et avec une force croissante :

— Non, ma mère !... ce n'est pas vrai !

— Fichtre !... murmura madame Belphégor, je vois avec plaisir que ma chère petite nièce Norine n'a pas sa langue dans sa poche !...

— Malheureuse !... s'écria la femme maigre d'un ton furibond, malheureuse, tu démens ta mère !...

— Non, poursuivit la jeune fille avec un redoublement d'indignation ; non, vous n'avez pas fait à Jules cette ignoble insulte dont vous vous vantez !... vous ne l'auriez pas osé, ma mère !... vous ne frappez jamais que moi, parce que je suis votre fille et parce que vous savez bien que je ne me défendrais pas !...

Tandis que la femme maigre écoutait ces paroles, une sorte de tremblement convulsif agitait tout son corps.

Sa fureur atteignait son paroxysme au moment où Norine se tut, et cette fureur était effrayante.

Elle s'élança sur sa fille en vociférant d'une voix à peine intelligible :

— Enfant dénaturé !... monstre que je renie !.. il faut que je te tue !... il faut que je t'arrache les yeux !...

Et cette mère infâme allait accomplir peut-être sa terrible menace quand madame Belphégor intervint.

Elle jeta ses deux bras autour du corps de sa sœur exaspérée et elle la tira de toutes ses forces en arrière, en lui disant :

— Voyons, sœur, pas de bêtises!... La petite est une rien du tout, c'est vrai, mais ce n'est pas une raison pour lui arracher les yeux, attendu qu'elle les a diablement beaux, et que, quand elle saura s'en servir et qu'elle sera devenue raisonnable, ces yeux-là nous rapporteront gros!...

La logique de ce raisonnement parut agir sur la femme maigre avec une promptitude étonnante.

Elle se calma comme par enchantement et elle répondit en larmoyant :

— Tu as raison, sœur, mais c'est qu'il est si douloureux pour le cœur d'une pauvre mère de voir que des enfants ne correspondent pas à tout le bien qu'on leur veut, et traitent les auteurs de leurs jours absolument comme s'ils ne leur étaient de rien, que la patience vous en échappe, la tête se monte et on tape!... On le regrette après, car on les aime, au fond, ces *guerdins* d'enfants ; mais c'est fait, la claque est reçue!...

Et la femme maigre se mit à fondre en larmes.

Pourquoi ? A quel propos ?

Elle ne le savait pas elle-même.

Cette comédie sentimentale, avec accompagnement de pleurs et de sanglots, ennuya madame Belphégor.

— Je suis sûre que Norine ne demande pas mieux que de devenir raisonnable, dit-elle ; seulement tu t'y prends mal! Tu la malmènes, tu la rudoies, cette petite, et, dame! ça la taquine, c'est naturel!... Je m'en vas causer avec elle rien que la bagatelle de cinq minutes, et je parie que nous nous entendrons comme les deux doigts de la même mitaine...

— Alors, répliqua la femme maigre, dont les larmes étaient séchées, va dans la chambre avec elle ; il faut que je reste ici, moi : j'ai à finir un raccommodage dans un volant de dentelle qu'on attend pour ce soir...

— Voyons cette dentelle? dit Mme Belphégor.

— La voilà, répondit sa sœur.

— Oh! oh! superbe!

— Oui, pas mal. La garniture vaut au moins mille écus.

— A qui est-ce?

— A une jolie femme de la rue de Provence.

— Mariée?

— Ah! ouiche!... elle était apprentie blanchisseuse de fin, l'an passé!... En voilà une gaillarde qui n'est point bête!... pas moitié aussi gentille que Norine, et ça porte des volants de mille écus, et ça a une voiture à ses ordres!...

— Ah! si Norine voulait!...

— Parbleu!... mais elle ne veut pas!...

— Enfin nous allons causer... Viens, Norine, viens, ma petite biche...

Madame Belphégor ouvrit une porte qui se trouvait au fond de la première pièce et entra dans une seconde chambre où Norine la suivit, muette, pensive, et d'avance résignée à une nouvelle scène.

La nièce de madame Belphégor avait seize ans tout au plus, nous le répétons, et c'était une créature d'une beauté merveilleuse qui semblait aussi déplacée dans le milieu sordide où l'avait fait naître le hasard, que le serait une perle sans tache tombée parmi des cailloux fangeux.

Norine, grande et svelte, joignait à la pureté idéale des formes une grâce exquise, et qui se décelait jusque dans ses moindres mouvements.

Ses cheveux, d'un blond cendré pâle et doux et d'une incroyable abondance, tombaient jusqu'à ses pieds et la couvraient toute entière quand elle en dénouait les masses opulentes.

Un mauvais peigne de corne retenait sur la tête de la jeune fille les flots de la splendide chevelure, nouée chaque matin par elle avec une élégance naturelle et inimitable.

Chose bizarre et charmante !... par un jeu coquet de la nature, les sourcils et les yeux de Norine étaient d'un noir de velours et donnaient un cachet oriental à son visage d'un ovale irréprochable.

Ses lèvres pourpres servaient d'écrin à des dents éclatantes d'une blancheur humide.

Sous leurs longs cils, soyeux et recourbés, les yeux avaient une adorable expression de candeur virginale et de naïve ardeur.

La passion devait se traduire dans ce beau regard par des éclairs étincelants et irrésistibles.

Le cou, merveilleusement attaché à la tête et aux épaules, ressemblait à celui de la belle et malheureuse princesse de Lamballe.

Une simple robe de laine noire mettait en relief, aussi bien qu'aurait pu le faire le velours le plus somptueux, toutes les perfections de la taille et du buste de Norine.

Le corsage de cet humble vêtement, taillé par la jeune fille elle-même, dessinait les contours naissants d'une gorge de déesse.

Les mains étaient petites et fines, mais elles conservaient les teintes rouges de la virginité, et le travail quotidien les déflorait de ses stigmates.

Telle que nous venons de la décrire, debout en face de sa tante, Norine s'embellissait encore de l'expression triste et résignée que son visage avait revêtue.

La pauvre enfant attendait.

Et, tout bas, elle priait Dieu de lui conserver la force et le courage dont elle avait besoin pour ne pas succomber dans les luttes incessantes qui brisaient son cœur et son âme.

Madame Belphégor s'était assise de nouveau, non plus cette fois sur une chaise, mais bien sur le lit de sa sœur, qui lui paraissait un siége plus confortable.

— Mon petit bijou, dit-elle en entamant l'entretien d'une façon toute gracieuse, ta mère a tort! ta mère a grand tort!... Ça n'a pas de bon sens de lever la main sur une fille de ton âge et aussi gentille que tu l'es!...

— Mais, murmura Norine, quand elle vous a dit tout à l'heure qu'elle m'avait frappée, vous lui avez répondu qu'elle avait eu raison...

— Eh! parbleu!... sans doute que je lui ai dit cela!...

— Eh bien?

— Mon Dieu! ne fallait-il pas la contredire pour la faire entrer en fureur? elle était déjà bien assez en colère comme ça, ce me semble !...

— Oh ! oui !... soupira Norine.

— Certainement, poursuivit la matrone, je ne veux pas te dire du mal de ta mère ; je la connais bien, et, il faut être juste, elle a de grands défauts et beaucoup de qualités. Ainsi elle est trop vive et trop emportée ; mais, passé le premier mouvement, il n'y paraît plus et elle devient très-bonne personne ; et puis enfin, si elle te bouscule quelquefois, c'est pour ton bien...

— Pour mon bien !... répéta Norine.

— Sans doute !...

— Comment cela, ma tante ?...

— Elle voudrait te voir un avenir, continua madame Belphégor, et ça la vexe affreusement, elle qui te chérit de tout son cœur, de sentir que, pour des idées de jeune fille qui n'ont pas le sens commun, tu t'entêtes à rester dans la crotte comme elle y est elle-même, et comme j'y serais encore si je n'avais pas trouvé moyen d'en sortir par mon industrie...

— Des idées de jeune fille !... des idées qui n'ont pas le sens commun !... s'écria Norine ; de quelles idées parlez-vous, ma tante ?...

— Pardine !... c'est facile à deviner !...

— Je vous assure que je ne vous comprends pas.

— Que si!... que si!... petite finaude! répondit madame Belphégor avec un gros rire; tu me comprends très-bien, au contraire. Mais enfin, puisque tu y tiens, je vais m'expliquer catégoriquement : je parle de ta fantaisie à l'endroit de ce polisson de M. Jules.

— Jules!... répéta Norine en appuyant sa main tremblante sur son cœur, tandis qu'une rougeur ardente envahissait son visage; oh! ma tante, allez-vous l'insulter aussi?...

— Je ne pense pas plus à l'insulter, le petit drôle, qu'à tutoyer le Grand-Turc!... seulement je voudrais le voir à cent pieds sous terre....

— Pourquoi?

— Je le déteste.

— Que vous a-t-il fait?

— D'abord il m'a brusquée fort insolemment dans l'escalier, tout à l'heure ; mais je lui passerais cela volontiers si je n'avais un autre grief...

— Lequel?

— Il cherche à t'enjôler!

— Il m'aime!...

— C'est-à-dire qu'il te le fait croire...

— Et je le crois, ma tante!

— Une fois qu'il aurait passé son caprice, il te planterait là, ma pauvre enfant.

— Jules m'aime de tout son amour et m'aimera toute sa vie !...

Madame Belphégor haussa les épaules.

— Ah çà ! ce garçon-là t'a donc décidément ensorcelée ?... dit-elle.

— Je l'aime, répondit Norine.

— Mais il est pauvre !...

— Je l'aime.

— Mais il n'a point de position et n'en aura jamais !...

— Je l'aime.

— Mais avec lui tu vivrais de pain sec et d'eau claire !...

— Je l'aime...

— Tu coucherais sur la paille !...

— Je l'aime...

— Tu mourrais à l'hôpital !..

— Je l'aime.

— Dis donc, Norine, s'écria madame Belphégor avec un commencement d'irritation, est-ce que tu vas toujours me répondre la même chose ?... Sais-tu que ça devient peu amusant, à la fin !...

— Ah !... — murmura passionnément la jeune fille, je ne me lasserai point de vous répondre ainsi, tant que vous ne vous lasserez pas de le calommier devant moi!... Oui, je crois à son amour comme je crois au mien!... En lui est toute ma vie, tout mon avenir, tout mon bonheur!... A lui est mon cœur!... à lui est mon âme!... Oh! je l'aime!... je l'aime! je l'aime!...

XVI

LES PROJETS DE MADAME BELPHÉGOR.

Norine se tut.

Elle avait prononcé avec une voix passionnée et frémissante les dernières paroles que nous venons de rapporter.

Son regard virginal devenait presque voluptueux.

Ses lèvres s'entr'ouvraient pour un divin sourire, rempli d'une ardeur contenue et qui s'ignorait elle-même.

Sa gorge se soulevait violemment.

Madame Belphégor la regardait du coin de l'œil et avec une admiration manifeste.

— Pristi !... se disait-elle en elle-même, qu'elle

est belle quand elle s'anime !... Décidément, c'est un morceau de roi !... c'est une mine d'or à exploiter !...

A cette époque, la Californie n'était pas encore découverte, fort heureusement pour les émigrants et pour les actionnaires.

Sans cela madame Belphégor n'eût point manqué de comparer la pauvre Norine au plus fécond et au moins exploré de tous les *placers*.

La matrone éprouvait le besoin de renouer la conversation un instant interrompue par le cri d'amour échappé du cœur de Norine.

Seulement elle comprenait maintenant que, pour avoir la chance d'en arriver à ses fins avec la jeune fille, il était indispensable de changer la direction de ses batteries.

— Voyons, Norine, dit-elle tout à coup, je veux te prouver que je suis ton amie plus que tu ne te le figures...

— Comment cela ?... demanda la jeune fille avec défiance.

— D'abord je te prie de ne pas m'en vouloir du mal que je t'ai dit à propos de Jules...

— Oh ! s'écria Norine, que m'importe ? Je sais que je l'aime, et cela me suffit...

— Laisse-moi donc parler sans m'interrompre,

petite fille impatiente !... Je croyais que tu n'avais pour Jules qu'un caprice sans conséquence ; mais maintenant que je vois que c'est une passion, mes idées ne sont plus les mêmes, et, bien loin de songer à vous séparer, je veux vous réunir...

Norine leva sur madame Belphégor ses grands yeux, où le doute se lisait clairement.

L'entremetteuse comprit l'expression de ce regard.

Elle hocha la tête et elle répondit à la phrase que sa nièce n'avait pas prononcée :

— Oui, ma petite chérie, je t'en donne ma parole d'honneur, je dis ce que je pense et je ferai ce que je dis !...

— Vous ne prendrez plus le parti de ma mère contre moi ?

— Bien au contraire ; — à compter d'aujourd'hui je prendrai parti pour toi contre ta mère...

— Vous n'attaquerez plus mon pauvre Jules ?..

— Jamais !

— Vous m'unirez à lui ?

— Parfaitement !

— Et quand cela ?...

— Quand tu voudras.

— Bientôt, alors ?...

— Oui, bientôt.

Madame Belphégor parlait avec une conviction évidente.

La confiance entrait peu à peu dans l'âme jeune et tendre de Norine.

L'émotion et la reconnaissance finirent par y déborder.

Norine se jeta dans les bras de madame Belphégor et couvrit de baisers les joues de l'abominable femme, en murmurant avec une tendresse expansive :

— Oh! ma tante, que vous êtes bonne et que j'étais injuste avec vous!...

— A la bonne heure!... répondit l'entremetteuse en souriant, voilà que nous commençons à nous entendre. Ce que c'est, pourtant, que de passer tous leurs caprices à ces petites filles!... elles vous choient et elles vous chérissent; tandis qu'elles vous regardent comme une véritable *Barbe-Bleue*, quand vous vous permettez de n'être point de leur avis!...

Puis madame Belphégor, après avoir paru se complaire pendant un instant aux gentilles caresses de Norine, ajouta tout à coup :

— Maintenant, ma biche, parlons raison...

L'accent sec et en quelque sorte métallique avec lequel furent prononcées ces dernières paroles glaça subitement les tendres effusions de Norine.

Ses lèvres s'éloignèrent du visage de sa tante.

Ses bras dénouèrent leur étreinte.

Elle s'éloigna de quelques pas.

Il lui semblait comprendre qu'elle s'était trop hâtée d'avoir confiance et de se réjouir.

— Parler raison !.. murmura-t-elle. Qu'avons-nous donc à dire ?...

— Mon petit chou, poursuivit l'entremetteuse, l'amour est une belle chose, et je l'ai connu dans les temps, moi qui te parle ; mais, malheureusement, on ne vit pas d'amour et d'eau claire !... Tu veux ton Jules et tu l'auras : c'est promis, c'est juré, c'est aussi sûr que si tous les notaires de Paris y avaient passé ; mais tu comprends bien qu'on ne peut pas vous jeter comme ça de but en blanc à la tête l'un de l'autre !...

— Pourquoi donc, ma tante ?... demanda timidement Norine, dont les idées flottaient indécises à droite et à gauche et qui ne pouvait deviner où madame Belphégor en voulait venir.

— Pourquoi donc ?... répéta cette dernière ; parbleu ! le joli ménage que vous feriez là, sans sou ni maille, gueux comme des rats d'église !... misère et compagnie, quoi !... Dis donc, Norine, ajouta l'entremetteuse dans son langage ignoble et vulgaire, pendant que vous feriez l'amour, qui est-ce qui vous ferait bouillir la marmite ? Et figure-toi bien, ma petite, que l'amour est comme l'absinthe, il ouvre énormément l'appétit !...

Norine baissa la tête.

Madame Belphégor reprit :

— Voyons, mon petit chat, parle-moi franchement... Qu'est-ce que tu veux faire de ton Jules ?... Sera-ce un amant ?... sera-ce un mari ?...

La jeune fille parut hésiter avant de répondre.

Cependant elle dit, au bout d'une minute :

— Je veux appartenir à Jules et que Jules m'appartienne !... Je veux que nous soyons tout entiers l'un à l'autre... Je serai sa femme ou je serai sa maîtresse, selon qu'il le voudra lui-même ; mais je ne crois pas que le mariage ajoute rien à notre amour...

— Très-bien ! s'écria madame Belphégor ; tu as, ma foi ! plus d'esprit que je ne le croyais !... tu comprends qu'une jolie fille qui se marie fait la même sottise qu'un bel oiseau qui se couperait les ailes !...

— Mais je n'ai pas dit cela !... voulut objecter Norine.

Madame Belphégor l'interrompit avant qu'elle

ait eu le temps de prononcer les trois premières syllabes de la phrase que nous venons d'écrire.

— La liberté, poursuivit-elle, la liberté, c'est le premier des biens, surtout quand on est jeune et gentille ! Donc, c'est convenu, tu resteras libre et tu n'iras pas enfermer tes belles années sous les verrous du mariage !...

Norine écoutait madame Belphégor avec impatience.

Cette dernière s'en aperçut et revint à son but, dont elle s'écartait involontairement.

— Concluons ! fit-elle. Tu veux Jules ?...

— Vous savez bien ce que je vous ai dit, ma tante, balbutia Norine, les yeux baissés et le front rougissant.

— Eh bien ! je prends l'engagement de décider ta mère à le laisser venir ici tant qu'il voudra et tant que tu le voudras toi-même...

— Vous feriez cela... ma tante !... s'écria la jeune fille.

— Oui, mais à une condition...

Norine sentit son cœur se serrer.

Elle ne put que murmurer :

— Une condition !... Laquelle ?...

— C'est qu'à côté du petit bonheur intime que tu t'arrangeras à huis-clos avec ton tourtereau chéri, tu me laisseras te ménager un autre bonheur beaucoup plus solide, beaucoup plus palpable et beaucoup plus complet...

Norine comprit que sa tante revenait à la charge et que les honteuses propositions qui avaient si souvent frappé ses oreilles allaient les frapper encore.

Elle devint très-pâle.

Madame Belphégor vit fort bien cette pâleur, mais elle n'en continua pas moins :

— Ta mère et toi vous mourez de faim !... il est bien juste que tu fasses quelque chose pour cette pauvre femme qui t'a rendu le service de te mettre au monde !... Voyons, ne sois pas un enfant dénaturé !... Qu'est-ce qu'on te demande, après tout ?... de te laisser être heureuse !... de consentir à porter des dentelles au lieu d'en raccommoder !... de nager dans le velours et dans la soie !... d'avoir un appartement, des bijoux, des domestiques, une voiture !... Mon Dieu ! tout cela n'a rien d'effrayant, j'imagine, et tu ne peux pas refuser ?...

— Et Jules ?... s'écria douloureusement la jeune fille.

— Eh bien ! Jules, on te le procurera, c'est convenu, puisque tu y tiens ; mais tu n'y tiendras pas longtemps!... Il ne peut pas te donner un sou, n'est-ce pas, ce garçon? alors il n'a pas le droit de trouver mauvais que d'autres t'en donnent!... D'ailleurs il jouera le beau rôle, il sera l'amant de cœur, l'homme aimé pour lui-même!.. je ne le trouve pas fort à plaindre!... Voyons, acceptes-tu?

— Ma tante, répondit Norine d'une voix ferme, quoique un peu tremblante, si j'acceptais ce que vous me proposez, et si Jules consentait ensuite à me revoir, ce n'est plus de l'amour que j'aurais pour lui, c'est de l'horreur et du mépris!...

Madame Belphégor haussa les épaules.

XVII

UNE SCÈNE D'INTÉRIEUR

Un violent orage grondait sourdement dans le cerveau de madame Belphégor.

L'entremetteuse voyait avec dépit et avec colère que, depuis le commencement de ce long entretien, elle n'avait pas gagné un pouce de terrain.

Elle fut au moment d'éclater et de commencer une scène violente.

Mais elle se contint et elle résolut de tenter un dernier effort.

— Voyons, ma petite, dit-elle d'une voix douce et caressante en prenant les deux mains de Norine et en les pressant tendrement, voyons, réfléchis donc un peu...

— A quoi, ma tante ?... demanda la jeune fille.

— Tu sais que ta mère n'est pas naturellement fort douce et que, quand elle se monte la tête, elle te bat comme plâtre !...

— Je sais cela, répondit Norine, et je suis habituée à souffrir...

— Tu comprends bien que, quand ma sœur va savoir que tu repousses tout ce que je te propose, que tu t'obstines à ne point entendre raison et que tu refuses de faire quoi que ce soit pour la tirer de la misère où elle croupit, ça va lui porter sur les nerfs, à cette femme, et elle deviendra cent fois pire qu'un diable déchaîné !...

— Je vous ai déjà dit, répliqua la jeune fille, que j'étais habituée à souffrir !...

— Ta !... ta !... s'écria madame Belphégor, tout ça, ce sont des phrases !... Ta mère, si elle s'y met, te rendra la vie si dure, qu'il n'y aura pas moyen d'y tenir !...

Norine leva tristement ses beaux yeux mélancoliques, et son muet regard voulait dire avec une déchirante éloquence :

— Eh bien ! s'il m'est impossible de vivre, je trouverai là-haut un asile inviolable !...

Madame Belphégor poursuivit :

— Sans compter qu'il faudra dire un éternel

bonsoir à M. Jules, ton amoureux !... Ta mère ne te laissera plus une minute de liberté ; elle te surveillera jour et nuit, et le pauvre garçon mourra de chagrin de ne plus te voir...

— Ah !... murmura Norine, mieux vaut qu'il ne me voie plus que de me voir avilie et perdue !...

— Tu lasserais la patience d'un saint, morveuse entêtée que tu es !... grommela madame Belphégor ; tu vous as des raisonnements qui n'ont pas de bon sens ! Mais, après tout, c'est sans doute ma faute et peut-être bien que je ne me suis pas expliquée assez clairement...

— Ma tante !... s'écria la jeune fille, je ne vous ai que trop bien compris !...

— C'est impossible !... sans cela il y a longtemps que nous serions d'accord !... Tu te figures sans doute que je te demande les choses du monde les plus difficiles, et que ce seront des histoires à n'en plus finir !... Eh bien ! mon petit chou, tu te trompes !... Figure-toi qu'il se présente en ce moment une occasion superbe... une occasion comme on n'en trouve, hélas ! que bien rarement sur son chemin !... Un étranger, riche à millions, parfaitement blasé, mais que tu ragaillardirais en un tour de main et qui te donnerait assez d'argent pour te faire riche d'un seul coup !... Ça n'engage à rien dans l'avenir, tu mettrais du pain sur la planche pour les vieux jours de ta mère, et Jules n'en saurait jamais rien...

Tandis que madame Belphégor parlait ainsi, une ardente rougeur avait envahi le front et les joues de Norine, et de grosses larmes filtraient sous ses paupières et se suspendaient, comme autant de perles, à ses longs cils de velours.

La jeune fille fit un geste de dégoût.

Elle se dirigea vers la porte, et elle dit d'une voix tremblante et avec une intonation inimitable et intraduisible :

— En voilà assez, ma tante !...

Madame Belphégor l'arrêta par le bras.

Elle la fit pirouetter violemment et elle s'écria en la regardant bien en face :

— Ainsi tu ne veux pas ?

— Non, ma tante.

— C'est ton dernier mot ?...

— Oui, ma tante.

— Tu ne changeras pas d'avis ?...

— Jamais.

— Alors, petite misérable, je renonce à faire ton bonheur, et, sois tranquille, je vas te recommander au prône !...

Et l'entremetteuse, ne se donnant plus la peine de dissimuler sa colère, repoussa Norine qu'elle renversa à demi, ouvrit la porte de la première pièce dans laquelle l'attendait sa sœur et rejoignit cette dernière en s'écriant :

— Ah! ma pauvre Irma, si tu n'as jamais que ta drôlesse de fille pour t'empêcher de mendier ton pain, tu peux préparer ta besace et te faire retenir un lit à l'hôpital!...

— Comment! demanda la femme maigre d'une voix que l'extrême irritation rendait presque indistincte, elle refuse?...

— Parbleu!

— Et tu lui proposais quelque chose d'avantageux?...

— La fortune dans les vingt-quatre heures, rien que ça!...

— Et qu'est-ce qu'elle répond?

— Elle répond qu'elle adore Jules!... Elle répond qu'elle aime mieux souffrir toute sa vie que de te venir en aide de la façon que tu sais bien!... Des niaiseries, quoi!... Ah! je t'en fais mon compliment!... tu l'as joliment élevée!...

— La malheureuse!... vociféra la mère de Norine, elle ne mourra que de ma main!...

Et, saisissant un manche à balai brisé placé

dans un coin de la chambre, elle s'élança vers la seconde pièce où se trouvait Norine.

— C'est ça, mes enfants! débrouillez-vous, murmura madame Belphégor entre ses dents; moi, je ne m'en mêle plus : je n'aime ni les chipies ni les bégueules!... Je me retournerai d'un autre côté!... L'Église ne chôme pas faute d'un saint!...

Et, tout en parlant ainsi, l'entremetteuse quitta le logis de sa sœur, descendit l'escalier lentement et avec toutes sortes de précautions, et rejoignit la citadine qui l'avait amenée.

Le cocher vint fermer la portière et demanda, comme en sortant de la rue Saint-Lazare :

— Où allons-nous, ma bourgeoise?...

Et madame Belphégor répondit :

— Rue Taitbout, n° 9.

Au moment où l'abominable femme quittait l'appartement de la rue de Paradis, il se passait dans cet appartement une scène odieuse et révoltante.

La mère, son arme improvisée à la main, s'était précipitée sur sa fille, qui, agenouillée dans un angle obscur, priait avec une foi ardente et une résignation sublime ce Dieu dont on ne lui avait jamais parlé, — ce Dieu dont elle ignorait tous les préceptes, mais que son âme noble et pure adorait par instinct.

Irma, puisque tel était le nom que nous avons entendu donner par madame Belphégor à cette femme sans cœur et sans entrailles, Irma bondit, ainsi qu'une tigresse, jusqu'à Norine agenouillée.

De la main gauche elle saisit les cheveux de la jeune fille.

Cette splendide chevelure se dénoua et fut enroulée par la mégère, comme un câble de soie, autour de son bras maigre et sec.

La sœur de l'entremetteuse semblait en ce moment la vivante personnification de la furie du crime et de la cruauté.

Son visage livide était violacé par places.

Ses yeux gris s'injectaient de sang.

Une blanche écume se montrait aux coins de sa bouche contractée.

Elle souleva brutalement Norine par ses beaux cheveux.

La jeune fille poussa un cri de douleur.

On eût dit que ce gémissement redoublait la rage de l'implacable marâtre.

Elle commença à frapper avec son bâton les épaules et les reins délicats de la pauvre enfant.

Les coups étaient terribles.

Ils retentissaient sur la chair meurtrie qu'ils sillonnaient de larges raies noires.

A chaque coup répondait un cri sourd de Norine qui se tordait et se débattait vainement sous cette indicible torture.

A chaque cri poussé par sa fille, la misérable frappait plus fort.

Peu à peu les cris s'éteignirent dans la gorge qui se contractait.

Ils se changèrent en gémissements.

Ces gémissements eux-mêmes devinrent faibles et presque indistincts.

Puis on n'entendit plus rien.

Le sentiment de la vie et de la douleur s'était évidemment retiré de ce pauvre corps que la marâtre frappait toujours.

Enfin elle se lassa.

Elle dénoua la chevelure enroulée autour de son bras.

Le corps, n'ayant plus de point d'appui, oscilla pendant une seconde, puis s'affaissa lourdement sur le carreau.

Norine avait perdu connaissance...

XVIII

LES DEUX SŒURS.

Nous craignons que nos lecteurs, après avoir jeté les yeux sur la scène qui termine le précédent chapitre, ne nous accusent de pousser à l'horrible et de charger notre palette de trop sombres couleurs.

Ce reproche serait injuste, malheureusement.

Nous disons : *malheureusement,* et nous le disons à dessein.

Nous ferions, en effet, bien bon marché de notre amour-propre de peintre de mœurs, si quelqu'un parvenait à nous prouver que nous calomnions la société moderne, et qu'elle est meilleure en réalité que nous ne la représentons dans nos livres.

Mais il n'en est point ainsi.

A défaut des qualités de style et d'intérêt, qui nous manquent peut-être, nous possédons du moins l'incontestable mérite de voir juste. Tous les personnages qui peuplent notre œuvre (fourmilière de Lilliputiens, si l'on veut) ont posé devant nous, et ce ne sont point des masques que nous esquissons, ce sont des visages.

Les héros de nos romans sont microscopiques, soit, mais ils vivent.

On nous a bien souvent attaqué.

Nous ne nous sommes jamais défendu.

Mais, plus d'une fois, les faits sont venus nous donner raison, à la barbe et à la moustache de nos détracteurs.

Ainsi, à propos des *Chevaliers du Lansquenet*, que n'a-t-on pas dit ?...

On a prétendu que jamais, au grand jamais, les salons de Paris n'avaient ouvert leurs portes à toute une bande de flibustiers, gentilshommes de contrebande, pêchant en eau trouble sur les tapis verts les plus aristocratiques et prenant à la glu de leurs manœuvres habiles toute sorte de fils de famille, naïfs et bien rentés.

Et voilà que, peu de jours avant le coup de tonnerre de 1848, au moment où les dernières feuilles des *Chevaliers du Lansquenet* sortaient, humides encore, des rouleaux de la presse, un aide de camp de prince royal était pris à Chantilly, les mains pleines de cartes biseautées et les poches gonflées d'or mal acquis, et voilà que de scandaleux procès venaient dérouler devant la police correctionnelle et devant la cour d'assises des scènes qui semblaient être des chapitres empruntés à notre roman à peine éclos.

N'a-t-on pas prétendu, n'a-t-on pas écrit, au sujet des *Pécheresses (Pivoine, Mignonne*, etc.), que nous avions entrepris la réhabilitation de la femme galante?...

Et pourtant, Dieu le sait, si nous sommes miséricordieux pour la pauvre créature dont l'amour cause la chute, personne ne professe pour la femme qui se vend plus de mépris et moins d'indulgence !...

N'a-t-on pas dit, n'a-t-on pas imprimé que le *baron de Maubert*, l'un des sombres héros des *Confessions d'un Bohême*, du *Vicomte Raphaël* et aussi des *Oiseaux de Nuit*, était un personnage de pure invention et que les moyens d'action par lesquels il retenait dans sa dépendance *Raphaël*, son pupille, n'avaient ni précédents ni analogie dans la vie réelle ?

Et voici que la veille du jour où nous faisons représenter, au théâtre de la Porte-Saint-Martin, un drame tiré des *Confessions d'un Bohême* et dont *Maubert* était le principal personnage *(le Vol à la duchesse)*, des faits complétement identiques se dénouaient devant la cour d'assises d'une ville de province, et M. Théophile Gauthier, le poëte critique qui puise dans son talent incontestable et incontesté une rare bienveillance à l'endroit de toute œuvre étudiée consciencieusement, en faisait la remarque dans le feuilleton de la *Presse*.

Ce dont nous le remercions ici de tout notre cœur.

Bref, nous ne calomnions personne.

Nous regardons autour de nous et nous écrivons ensuite.

Ce n'est pas notre faute, après tout, si la société moderne est pourrie jusqu'à la moelle des os!

Ce n'est pas notre faute si Paris est une ville infâme!

Ce n'est pas notre faute, si, avec de l'argent, on achète tout, même les consciences, même l'honneur, même l'amour!

Ce n'est pas notre faute si les mères vendent leurs filles!

Ce n'est pas notre faute si les filles se vendent elles-mêmes, à quinze ans pour des châles de l'Inde, des dentelles et du velours !

O Paris, terrestre enfer, ville de toutes les débauches et de toutes les hontes, le feu du ciel un jour fera de toi ce qu'il a fait jadis de Gomorrhe et de Sodome !...

Et ce sera justice !...

Et l'on sèmera du sel sur la place où fut Paris !

§

Irma Picard, la mère de Norine, avait cinquante ans.

Toute sa vie elle avait rêvé la fortune.

Toute sa vie son rêve avait été déçu.

Voici comment et voici pourquoi :

Une loge de portier avait vu naître Irma et madame Belphégor, sa digne sœur.

Leur père, le vertueux Dujonquoy, tirait le cordon aux paisibles habitants d'une vieille maison de la rue du Pas-de-la-Mule, au Marais.

Ce Dujonquoy était veuf, et il s'était efforcé d'inculquer à ses deux filles les principes excellents de la morale la plus saine.

Par malheur il avait semé dans un terrain stérile.

Soit que feu madame Dujonquoy eût été inconséquente au temps de ses vertes années et que le portier, son époux, n'eût d'autre titre à revendiquer la paternité de sa double progéniture que l'axiome latin inscrit dans nos Codes : *Is pater est quem nuptiæ demonstrant*, soit que la transmission des vertus paternelles ne se fût point effectuée, du père aux filles, comme une sorte d'héritage moral, toujours est-il que les deux petites Dujonquoy furent, dès leur enfance, un véritable nid de mauvais instincts et de perverses inclinations.

Joséphine, l'aînée, celle qui devait conquérir un jour une quasi-célébrité sous le pseudonyme coquet de *madame Belphégor*, était à seize ans une petite personne grasse et fraîche, aux joues rebondies et veloutées, à l'œil égrillard, à la voix grasseyante.

Elle possédait en un mot ce qu'on est convenu de nommer *la beauté du diable*.

Joignez à cela un cœur sensible et surtout une imagination vive et dépravée, et vous comprendrez sans peine que Joséphine ne devait point se trouver à sa place dans la cahute enfumée qui servait de loge au bonhomme Dujonquoy.

Un beau matin elle partit.

On la chercha partout.

On ne la trouva nulle part.

Joséphine faisait son tour de France.

Elle accompagnait dans ses pérégrinations aventureuses un jeune commis-voyageur qui l'avait subjuguée par son air conquérant et sa méridionale éloquence.

Nous saurons plus tard comment, de transformations en transformations, Joséphine Dujonquoy était devenue madame Belphégor.

XIX

UNE PASSION INTÉRESSÉE.

Le vieux portier, quand il eut acquis la certitude que sa fille aînée avait disparu pour toujours, ressentit un tel chagrin, qu'il en tomba malade et qu'il en mourut.

Irma se trouva donc orpheline et sans autre ressource que la douteuse protection d'une sœur de son père, vieille fille égoïste et méchante.

Irma eût bien voulu faire comme sa sœur.

Mais il était peu probable que l'occasion se présentât, attendu la laideur de la jeune fille.

Elle était grande, maigre, noire, — elle avait de gros pieds, de larges mains, et, de plus, une physionomie dure et revêche.

Faute de mieux, elle alla trouver sa tante.

La vieille fille l'aurait volontiers mise à la porte, mais elle n'osa point.

Seulement elle s'arrangea de façon à ce que sa nièce ne restât pas longtemps à sa charge.

Pour cela faire, elle la conduisit chez une raccommodeuse de dentelles, qui, moyennant une rétribution modique, s'engagea à lui apprendre son métier.

De quinze à trente ans Irma vécut de son aiguille, c'est-à-dire fort mal, comme toutes les ouvrières de Paris dont le travail est le seul moyen d'existence.

Nous ne saurions dire tout ce qu'Irma eut à souffrir pendant ce laps de temps, non-seulement de sa pauvreté, mais encore du débordement de bile qui s'amoncelait dans son cœur.

Son métier la mettait en rapport avec une grande quantité de femmes :

Les unes, marchandes à la toilette et joignant pour la plupart au profit de ce négoce des bénéfices d'un genre différent;

Les autres, femmes élégantes ou filles entretenues.

Les marchandes à la toilette, fort bavardes de leur naturel, racontaient à Irma une foule d'anecdotes qui prouvaient clairement à la malheureuse qu'avec un peu de fraîcheur et de beauté, et surtout beaucoup de savoir-faire, rien n'était plus facile à Paris que de conquérir une fortune.

Or, nous le répétons, Irma était laide, et jamais elle ne pourrait approcher de ses lèvres la coupe de Tantale.

Quant aux femmes élégantes et aux filles entretenues, la richesse de leurs toilettes et le luxe dont elles étaient environnées révélaient à l'ouvrière tout un côté de cette vie éblouissante, de cette vie de plaisir et d'amour, à jamais fermée pour elle.

Irma courbait amèrement la tête sous les nécessités de sa position, et son existence était une révolte continuelle contre ce qu'elle appelait les injustices du destin.

Pour s'asseoir pendant un jour au banquet joyeux des élus de la terre, Irma aurait vendu son âme.

Mais il est de notoriété publique que, depuis les fantastiques ténèbres du moyen-âge, le diable n'accepte plus de pareils marchés.

Irma atteignit sa trentième année.

Alors un grand événement vint modifier complétement son existence.

Voici quel fut cet événement.

Dans la maison qu'habitait la raccommodeuse de dentelles vivait un ouvrier tailleur, du nom de Picard, assez beau garçon, mais parfaitement mauvais sujet, et de deux ou trois ans plus jeune qu'Irma Dujonquoy.

Ce Picard travaillait assez volontiers trois jours par semaine.

Il consacrait le reste du temps à flâner, à bambocher, enfin, pour nous servir des expressions de son vocabulaire pittoresque, *à faire une noce à mort!...*

Cependant, au milieu des distractions bachiques et autres de ce perpétuel carnaval, l'ouvrier tailleur rêvait parfois de *faire une fin.*

Faire une fin, dans son langage, signifiait tout bonnement épouser une femme, — n'importe laquelle, — pourvu qu'elle eût quelques économies formant une somme assez rondelette, économies facilement réalisables et dont elle abandonnerait à son mari la pleine et entière disposition.

Picard se proposait d'abord de *croquer joyeusement le magot.*

Puis, une fois le pécule évanoui, de continuer une vie de paresse et de bombances, grâce au labeur de sa femme, qui travaillerait jour et nuit, tandis que lui se reposerait nuit et jour.

Les spéculateurs du genre de Picard se rencontrent à Paris plus souvent qu'on ne le suppose.

Le rêve d'Irma, c'était la fortune, nous l'avons dit et répété.

Aussi, comme le travail était son seul moyen de s'enrichir, elle travaillait sans cesse et avec une ardeur continue.

Mais les salaires sont si faibles et tellement insuffisants, que c'est tout au plus si Irma parvenait à vivre d'un bout de l'année à l'autre, et elle n'était point encore arrivée à mettre de côté un malheureux écu de cent sous.

Voilà la vérité.

Seulement cette vérité était inconnue dans la maison où elle demeurait, et, à la voir si laborieuse et si économe, on avait décidé qu'elle devait être fort à son aise.

Des suppositions on ne tarda point à passer aux affirmations, et la portière jura sur l'honneur qu'Irma possédait dans quelque coin un vieux bas de laine gris, bourré, jusque par-dessus le mollet, de beaux napoléons de vingt et de quarante francs.

— Il y en a pour deux mille écus, tout au moins, ajouta la commère.

— Joli denier!... s'écrièrent deux ou trois voisines.

Le soir de ce même jour le bruit courait dans la maison qu'Irma Dujonquoy possédait des inscriptions sur le grand-livre et que celui qui l'épouserait, si elle consentait à accepter un mari, n'aurait plus à s'occuper que de manger tranquillement les rentes de sa femme.

Ces rumeurs fallacieuses et dorées arrivèrent jusqu'à Picard.

Il dressa l'oreille, et il pensa que le moment était propice pour se décider à faire *cette fin* dont nous avons déjà parlé.

Il connaissait de vue Irma.

— Elle est bien laide!... se dit-il, mais elle a des écus, et pour des écus j'épouserais le diable en personne!...

« Avec le physique assez soigné qui m'est échu du ciel en partage, il ne s'agit que de me présenter pour plaire et pour enflammer!...

« Ceci ne fait point question.

« Présentons-nous donc.

« Jusqu'au lendemain du mariage, *inclusivement*, il y aura du tirage...

« Mais le lendemain de la noce, quelles rigolades!... quel festival à grand orchestre!...

« Quelles sardanapalesques voluptés!...

« Que de bouteilles cachet rouge!...

« Que de bouteilles cachet vert!...

« Que de flacons de fine eau-de-vie!...

« Que de rhum et que de cigares!...

« Les jolies filles!... — le billard!... — Bercy!... — la Râpée!... — la matelote!... — les lapins sautés!... — tous les régals de la nature!... toutes les réjouissances de la création!... avec accompagnement de trombone et de cornet à piston, le tout grâce aux écus que la vieille garde!...

« Tiens!... un calembour!... Ma foi, tant pis!...

« Vivent la vieille garde et ses écus!... »

Ainsi pensa Picard, avec cette éloquence verbeuse et naturelle que nous venons de chercher à reproduire.

Son parti fut pris aussitôt.

Il se mit à l'œuvre sans tarder.

D'abord, et comme en sa qualité de tailleur il ne lui était point permis d'ignorer tout ce que la toilette ajoute aux avantages physiques d'un homme, cet homme fût-il l'Antinoüs ou l'Apollon du Belvédère, Picard se fit un habit.

Oh! mais un habit modèle, élaboré avec amour et exécuté avec recueillement.

Un vêtement souple, en drap bleu fin et luisant, s'adaptant aux formes du corps et dessinant l'élégante cambrure de la taille.

Ce bel habit fut rehaussé de boutons d'or dans lesquels on pouvait se mirer.

Le reste du costume fut à l'avenant.

Picard le revêtit complétement.

Ensuite il alla se promener sur le boulevard pour en essayer l'effet.

Et, chaque fois qu'il passait devant les larges glaces de quelque magasin, il ne manquait point d'y jeter un regard pour y contempler son image, reproduite de pied en cap.

Chaque fois aussi, Picard ne pouvait refuser de s'avouer à lui-même qu'il était irrésistible.

C'est dans cette disposition d'esprit qu'il regagna la maison de la rue du Mail où demeurait alors Irma Dujonquoy, qui ne se doutait guère de tous les frais qu'un beau garçon faisait en son honneur.

XX

UN MARIAGE D'AMOUR.

Cependant, et tout en montant l'escalier, Picard fit une réflexion.

Il se dit qu'il n'était nullement adroit de se présenter *ex abrupto* devant Irma et de lui crier sans périphrase :

— Me voici ! regardez-moi ! adorez-moi et épousez-moi !...

Agir avec une telle promptitude et une si grande brusquerie pouvait compromettre gravement le succès de son entreprise matrimoniale.

Il ne s'agissait que de trouver un prétexte habile de nouer connaissance avec la raccommodeuse de dentelles.

Picard se mit à chercher ce prétexte.

Son esprit ingénieux était fertile en rouéries ; aussi nous devons lui rendre cette justice, qu'il ne chercha pas longtemps.

En moins de trois minutes, son plan était tracé et il en commençait l'exécution.

Irma logeait au troisième.

Picard avait élu domicile quatre étages plus haut, c'est-à-dire sous les toits.

Là il occupait une mansarde dont il nous serait difficile d'inventorier l'ameublement, attendu que cet ameublement n'existait pas.

Picard franchit lentement les trois premiers étages.

Puis, une fois arrivé sur le carré qui faisait face à la porte d'Irma, son pied glissa et il tomba lourdement, et surtout bruyamment.

Aussitôt par terre, il se mit à pousser des gémissements aussi plaintifs que s'il s'était plus qu'à moitié tué dans sa chute.

Sans doute Picard avait l'esprit juste, car ses prévisions se réalisèrent de point en point.

Au bout d'une minute, la porte d'Irma s'ouvrit, et la raccommodeuse de dentelles parut sur le seuil, tenant sa petite lampe à la main.

Nous avons oublié de dire qu'il était neuf heures du soir.

Picard se plaignait plus que jamais.

Irma approcha sa lumière du visage de ce pauvre blessé qui semblait moribond.

Elle reconnut l'ouvrier tailleur.

Son cœur de trente ans battit, car, plus d'une fois, elle avait admiré dans l'escalier la jolie figure et l'allure leste de Picard.

Et, à chacune de ces rencontres, elle s'était dit en soupirant :

— Ah ! si j'étais jeune et jolie !...

— Comment, mon voisin !... C'est vous ! murmura-t-elle d'une voix émue.

— Hélas ! oui, mademoiselle... répondit Picard.

— Que vous est-il donc arrivé ?...

— Le pied m'a tourné et je suis tombé...

— Vous souffrez ?...

— Beaucoup.

— Vous vous serez blessé ?...

— Ce n'est pas douteux.

— Gravement, peut-être ?...

— J'en ai peur...

— Ah ! mon Dieu !... s'écria Irma, voulez-vous que je coure chercher un médecin ?... Il y en a un qui demeure tout près d'ici...

— Je vous remercie mille fois, mademoiselle, mais je ne veux pas que vous vous donniez cette peine...

— Cependant vous ne pouvez point rester là !...

— Non, sans doute.

— Comment donc faire ?...

— Si vous étiez assez bonne pour me donner la main, j'essaierais de me relever.

— Ma main, monsieur, la voici, et de grand cœur !... Mais prenez bien garde !...

— Picard, souriant intérieurement du succès complet de sa ruse, s'appuya sur le bras d'Irma, et, après quelques efforts, parvint à se remettre sur ses jambes.

— Pourrez-vous marcher ?... demanda la compatissante vieille fille.

— Je l'espère ; d'ailleurs nous allons voir...

Et, joignant le geste aux paroles, Picard posa son pied par terre.

Mais il le releva aussitôt en poussant de nouveaux cris.

— Seigneur, mon Dieu !... s'écria Irma, il a la jambe cassée !

— Peut-être n'est-ce qu'une foulure... répondit Picard.

— Voulez-vous entrer chez-moi un moment, monsieur ?...

— Je n'osais vous le demander, mademoiselle, mais j'accepte bien volontiers.

Et, soutenu par l'ouvrière, Picard fit une entrée triomphale dans ce logis où il comptait bientôt régner en maître.

Irma s'empressa de lui avancer un siége.

— Asseyez-vous vite, lui dit-elle, et regardez votre jambe.

Picard, tout en ôtant son soulier fin et sa blanche chaussette, jeta un regard curieux et investigateur tout autour de la pièce dans laquelle il se trouvait.

A force d'industrie et de privations, Irma s'était logé décemment.

C'était simple, mais propre et bien tenu : on se serait miré dans chaque meuble.

— Tout ceci respire l'opulence !... pensa Picard avec une joie muette; il doit y avoir des lingots cachés dans chacun des tiroirs de cette commode en noyer ?...

— Eh bien! monsieur, demanda Irma, comment vous trouvez-vous maintenant ?

— Mieux, beaucoup mieux, mademoiselle... Dans le premier moment la douleur a été si vive que j'ai cru le mal beaucoup plus dangereux qu'il ne l'était en effet... Je vois maintenant que ce n'est qu'une foulure ; et des plus légères.

— Ah ! tant mieux !... s'écria l'ouvrière avec une involontaire expansion.

— Combien vous êtes bonne de vous intéresser à moi, mademoiselle ! murmura Picard d'un ton pénétré et sentimental.

Irma rougit jusqu'au blanc des yeux.

Picard lui saisit la main.

— Mademoiselle, ajouta-t-il, je n'oublierai jamais, non, jamais, ce que vous avez fait pour moi ce soir !...

Et il appuya passionnément ses lèvres sur les doigts maigres et noueux qu'Irma lui abandonnait.

Ce baiser remua l'ouvrière depuis la plante des pieds jusqu'à la racine des cheveux.

Ce baiser, le premier qu'elle eût jamais reçu, l'initiait en quelque sorte aux sensations de ces voluptés divines qu'elle avait si souvent rêvées, mais qui jusqu'alors lui étaient restées inconnues.

Picard s'aperçut à merveille du trouble qu'il venait de causer.

Il comprit que la partie qu'il avait entreprise était gagnée d'avance.

Mais il était un trop rusé coquin pour pousser, ce soir-là, les choses plus avant.

Après quelques minutes d'un silence plus significatif et plus éloquent que des paroles, il affirma que son pied ne le faisait plus souffrir, et il prit congé d'Irma en lui demandant la permission de venir la remercier le lendemain.

Avons-nous besoin de dire qu'Irma accorda cette permission de grand cœur ?

Picard remonta dans son taudis en savourant d'avance les joies des orgies échevelées au feu desquelles ne tarderaient point à se fondre les économies de l'ouvrière.

Irma, elle aussi, fit des rêves.

D'abord elle ne travailla pas ce soir-là, et la dentelle commencée le matin resta, pour la première fois, inachevée

Les lèvres d'un beau jeune homme avaient touché sa main ! Les yeux de ce même jeune homme s'étaient arrêtés sur elle avec complaisance !

Ceci n'était point une illusion.

C'était un fait matériel, une incontestable réalité...

Elle courut se regarder dans son petit miroir, et, comme la glace ne lui renvoyait qu'une image sombre et disgracieuse, elle ne put s'empêcher de se dire que le reflet était menteur.

Elle ne ferma pas l'œil de la nuit.

Le lendemain, au point du jour, elle était déjà sur pied.

Picard ne lui avait-il point annoncé sa visite ?

Elle mit tout en ordre chez elle avec un soin minutieux.

Elle courut acheter des fleurs et elle en remplit les deux vases en porcelaine commune, abominablement coloriés, qui trônaient sur sa cheminée de chaque côté d'une pendule de vingt-cinq francs, laquelle, quoique remontée invariablement chaque matin, ne marchait jamais plus de dix minutes.

Ces préparatifs achevés, Irma attendit, la joue en feu et le cœur bondissant.

Vers midi, on frappa légèrement à la porte.

— Entrez, dit la vieille fille d'une voix tremblante.

C'était Picard.

Comme la veille, il était vêtu du magnifique habit bleu.

Jupiter, apparaissant dans toute sa gloire aux yeux éblouis de Sémélé, ne dut point produire un plus grand effet sur la mortelle que n'en produisit Picard sur le cœur fasciné d'Irma.

Jugez de ce qu'elle devint quand il lui fut impossible de douter de son bonheur !

La flamme qu'elle ressentait était une flamme partagée.

Picard l'aimait !...

Il le lui dit !...

Il le lui jura en des termes brûlants qui portèrent l'incendie dans le cerveau et dans les sens de la vieille fille.

Certes, elle se serait donnée volontiers et sur l'heure, et elle fut assez peu maîtresse d'elle-même pour le laisser comprendre à Picard.

Mais ce dernier n'avait garde de céder à ces transports intempestifs.

Il fit comprendre à l'impétueuse Irma que le respect enchaînait son ardeur.

Il ne brûlait que de feux légitimes ! Il voulait un bonheur solide ! Irma ne serait point pour lui une maîtresse de quelques jours, mais la compagne de toute sa vie !...

Bref, ils n'appartiendraient l'un à l'autre qu'après un bon mariage bien en règle et parfaitement cimenté.

La vertu de Picard plongea Irma dans le ravissement.

Quel époux modèle ne serait point cet amant

si passionné et cependant si chaste et si scrupuleux !...

Le bonheur de son avenir était assuré.

Seulement il fallait que ce bonheur fût prochain.

On prit jour pour le mariage, et l'on se promit de ne rien divulguer à l'avance, afin d'éviter autant que possible les bavardages des méchantes langues.

XXI

UN CŒUR DE MÈRE.

Les filles d'Ève ouvrent l'oreille avec une facilité déplorable aux paroles d'amour.

Cet aphorisme est aussi ancien que le premier péché de notre première mère.

Pauvres femmes!... Elles ajoutent foi, sans conteste, aux mots adulateurs et charmants que murmure tout bas pour elles une bouche chérie.

Pauvres femmes!... Comme Ève, jadis, elles ne voient point, sous les trompeuses roses, frétiller la queue du serpent.

Aussi bien que les autres, Irma tomba dans le piége tentateur. Elle y tomba même un peu plus vite et un peu plus aveuglément que les autres.

Tout ce que Picard lui avait dit elle le crut.

Elle se persuada qu'elle était jeune, qu'elle était belle, qu'elle était adorée.

Quelques questions insidieuses que hasarda sournoisement le tailleur à l'endroit du pécule de la vieille fille n'eurent point le pouvoir de la détromper.

Elle comprit vaguement que Picard la supposait plus riche qu'elle ne l'était en réalité.

Mais un secret instinct lui criait de ne point désabuser son amoureux et elle répondit d'une façon évasive, qui laissa subsister toutes les illusions de Picard.

Bref, les publications furent faites, et, une fois le délai légal écoulé, le jour du mariage arriva, trop lentement au gré des futurs époux qui l'appelaient de tous leurs vœux, l'un par tendresse, l'autre par avidité.

Le *oui* mutuel fut prononcé, et la mairie et l'église consacrèrent une union que, certes, Dieu ne bénissait pas.

Picard, pour qui son mariage était un véritable marché, mit cependant une certaine bonne foi dans l'exécution des clauses tacites de ce marché.

Il accomplit avec un courage héroïque le premier et le plus ingrat de ses devoirs d'époux.

Il savait bien que la lune de miel de sa femme ne compterait qu'une seule nuit.

Irma s'endormit ivre de joie et d'enthousiasme.

A son réveil l'attendait la désillusion.

Dès le lendemain matin, Picard se révéla tout entier.

Il parla en maître, il dit à Irma qu'il prétendait être seul détenteur et seul administrateur de la fortune de la communauté.

Il ajouta qu'il avait en vue un placement superbe et que, pour ne point risquer de perdre une occasion peut-être unique, il priait sa femme, et, au besoin, lui ordonnait de remettre à l'instant même entre ses mains les capitaux qu'elle possédait.

Irma pâlit.

Nous savons déjà qu'elle n'avait point de capitaux

Elle balbutia une partie de la vérité.

Picard refusa de la croire.

Elle compléta ses aveux et jura ses grands dieux qu'elle était aussi pauvre que Job.

L'incrédulité de Picard ne fut point vaincue.

Seulement il déclara à sa moitié toute éplorée qu'il ne lui plaisait point qu'une femme eût des

12.

secrets pour son mari, et qu'il saurait bien la contraindre à rompre le silence.

Sa main droite, armée d'une canne à laquelle il faisait décrire le moulinet le plus menaçant, compléta le sens suspendu de ses paroles.

C'est à peu près ainsi que les *Chauffeurs*, de sinistre mémoire, en agissaient avec leurs victimes.

Irma, qui ne cachait rien, ne pouvait rien avouer.

La canne tournoyante décrivit un demi-cercle rapide et tomba comme la foudre, et à plusieurs reprises, sur les épaules endolories de la malheureuse, qui se jeta à genoux et poussa des cris aigus.

Au bout de quelques minutes de l'exercice violent auquel il venait de se livrer, Picard sentit que son bras s'engourdissait et il quitta le domicile conjugal, laissant sa femme sur le carreau.

Il rentra le soir, un peu plus qu'aux trois quarts ivre.

La scène du matin recommença.

Mêmes questions.

Mêmes réponses.

La canne joua son rôle de plus belle.

Il en fut ainsi pendant trois jours de suite.

Au bout de ces trois jours, Picard comprit

qu'Irma ne mentait point et qu'elle ne possédait pas un sou vaillant.

Le tailleur était *fait au même*. C'est l'expression, empruntée au vocabulaire du noble jeu de billard, dont il jugea à propos de se servir

Cette conviction lui fut bien amère.

Cependaut il en prit son parti en brave, et résolut de tirer de sa position le meilleur parti possible.

D'abord il brisa sur les reins de sa femme, en une quantité indéterminée de fragments, la canne qui, désormais, ne lui devait plus être utile.

Ensuite, et tandis qu'Irma, meurtrie et désolée, s'enfuyait chez une voisine compatissante, il fit venir un brocanteur auquel il vendit en bloc tout ce que le logement renfermait de meubles et d'effets.

Puis enfin le gousset lesté du produit de cette vente, il quitta la maison et on n'entendit plus parler de lui.

Quand la malheureuse ouvrière rentra dans son domicile, elle ne trouva que les quatre murs.

Nous n'essayerons de peindre ni son désespoir ni ses imprécations : des mots seraient impuissants pour le faire.

Irma se logea en garni et reprit ses travaux,

un instant interrompus par les tempêtes du mariage.

Hélas !... elle n'était point au bout de ses peines.

Au bout d'un mois, elle s'aperçut qu'elle était grosse.

D'autres femmes sans doute, si misérable qu'eût été leur situation, eussent considéré leur grossesse comme un bonheur.

Elles se seraient dit que le petit ange qui devait naître d'elles apporterait avec son sourire la consolation et la joie dans leur vie triste et abandonnée.

Irma gémit et blasphéma.

Elle maudit ses flancs d'avoir été féconds !

Elle maudit l'innocente créature que renfermait son sein.

Tout ce qui se peut essayer pour empêcher un enfant de naître, Irma l'essaya.

Elle risqua dix fois sa vie, en prenant ces remèdes venus de l'enfer qui provoquent les avortements.

Tout fut inutile.

Neuf mois, jour pour jour, après le mariage d'Irma et de Picard, une petite fille venait au monde.

Si la mère dénaturée ne l'étouffa point de ses

propres mains à l'heure de sa naissance, c'est qu'elle avait peur de l'échafaud.

Sans cette frayeur salutaire, certes, Honorine n'aurait point vécu; cette pauvre enfant, malheureuse avant de naître, reçut en effet le nom d'Honorine.

§

Dix ans se passèrent.

La petite fille, véritable souffre-douleur, martyrisée par des privations de toutes sortes, grandissait cependant et promettait d'être un jour belle et charmante.

Mais Irma, qui la détestait, était la dernière à s'apercevoir de cette beauté et de cette grâce.

Elle frappait sans cesse Norine.

Elle la nourrissait à peine.

Norine avait fini par s'accoutumer aux privations; disons plus, elle avait pris l'habitude de la faim.

Elle n'en était ni moins fraîche ni moins vivace, et, phénomène étrange, elle ne s'étiolait pas.

Un jour, Norine avait alors onze ans tout au plus, Irma était allée reporter de l'ouvrage et revenait lentement le long des boulevards.

Elle se croisa avec une dame somptueusement vêtue et dont le visage offrait une étrange ressemblance avec celui de sa sœur Joséphine, disparue, nous le savons, longtemps auparavant de chez le bonhomme Dujonquoy.

Irma suivit cette dame, et, la voyant quitter le boulevard pour entrer dans une rue latérale, elle l'aborda à l'improviste.

La raccommodeuse de dentelles était vêtue d'une manière plus que simple.

Son costume trahissait son humble profession d'ouvrière.

Joséphine Dujonquoy, car c'était elle en effet, fut très-contrariée de la rencontre imprévue de sa sœur, et elle aurait volontiers nié son identité.

Mais elle avait été surprise, et la présence d'esprit lui manqua.

— Tiens! c'est toi!... dit-elle froidement; ah! mon Dieu, comme te voilà pauvre!...

— Et toi, répondit Irma, comme te voilà riche!..

— Oui, je suis assez heureuse. Dis-moi, ma chère, que fais-tu?...

— Je raccommode de la dentelle.

— Triste métier!...

— Oh! oui, bien triste!... Et tois que deviens-tu, ma sœur?

— Moi, j'ai été entretenue par des gens très comme il faut, et aujourd'hui rien ne me manque...

— Tu es bien heureuse !...

— Dame! je ne me plains pas.

— Ce n'est pas comme moi!... je n'ai pas eu de chance en ce monde!...

— Vraiment!...

— Écoute plutôt.

Et, en peu de mots, Irma raconta à sa sœur la longue histoire de ses infortunes.

— Ah! le fait est que le guignon te poursuit d'une manière atroce !... répondit Joséphine quand Irma eut achevé son récit.

— Tu devrais bien, puisque rien ne te manque, faire quelque chose pour moi... hasarda cette dernière.

— Mais comment donc!... répondit Joséphine d'un air distrait, c'est trop juste et bien naturel!.. Entre sœurs, on doit s'aider.

— Dieu te bénira! dit Irma d'un ton hypocrite.

— J'y compte bien, répondit Joséphine. Pour le moment, je suis un peu pressée; on m'attend, et je te quitte, mais viens me voir.

— Quand?...

— Ce soir... demain... quand tu voudras... quand tu pourras...

— J'irai demain matin.

— Soit.

— Où demeures-tu ?

— Rue Richelieu, numéro 22.

— Quel nom demanderai-je?

— Tu demanderas madame de Saint-Pharamond.

— C'est convenu.

— Au revoir, ma chère !...

— A demain !...

Et, après avoir fait à Irma un petit salut tout à fait protecteur, Joséphine Dujonquoy s'éloigna rapidement, tandis qu'Irma regagnait son logis, le cœur joyeux et considérant cette rencontre comme une véritable faveur de la Providence.

Sa sœur était riche et heureuse.

Sa sœur l'avait reconnue.

Sa sœur allait venir à son aide.

A coup sûr, c'était la fin inespérée de sa longue et lourde misère.

Ce soir-là, elle fut presque caressante pour Norine, qui ne savait à quoi attribuer une pareille révolution dans les habitudes de sa mère.

Le lendemain, de bonne heure, Irma se mit en

route et gagna le numéro vingt-deux de la rue de Richelieu.

Elle demanda madame de Saint-Pharamond.

Le portier lui rit au nez.

Elle l'interrogea.

Il ne savait ce qu'elle voulait dire.

Irma explora les maisons voisines.

Mais vainement.

Madame de Saint-Pharamond était partout inconnue.

Alors, seulement alors, Irma commença à comprendre que Joséphine, sa très-chère sœur, s'était tout bonnement débarrassée d'elle en lui donnant un faux nom et en lui indiquant une fausse adresse.

Irma rentra chez elle et battit Norine.

XXII

IRMA ET JOSÉPHINE.

Une nouvelle période de quatre ans environ s'était écoulée.

Petit à petit, Irma était venue à bout de racheter une espèce de mobilier, et elle s'était installée avec sa fille dans ce logement de la rue Paradis-Poissonnière où nous les avons déjà rencontrées.

Irma avait appris son métier à Norine.

Toutes deux travaillaient du matin au soir, et, grâce à ce labeur exagéré, elles vivotaient dans la gêne.

Parmi les clientes les plus assidues d'Irma se trouvait une petite actrice du théâtre de la Porte-Saint-Martin.

Cette actrice avait six cents francs d'appointements et portait des dentelles de deux mille écus.

Elle appartenait à la très-nombreuse catégorie de ces jolies filles qui se mettent au théâtre, non point pour faire de l'art dramatique d'une façon réelle et sérieuse, mais seulement pour exhiber, aux yeux des amateurs des loges et des avant-scènes, leurs charmes élégamment servis dans les frais atours de costumes ultra-décolletés.

Ces artistes d'un genre spécial se font remarquer dans les rôles de pages, de nymphes et de fées, n'ont aucune prétention au talent et se servent tout bonnement de la scène comme d'antichambre à leur alcôve.

La figurante en question, l'une des plus jolies coquines de Paris, dépensait par an soixante mille francs environ, brillant intérêt de ses six cents francs d'appointements.

Nous ne savons de quelle façon elle s'y prenait, mais il y avait presque chaque jour autant d'accrocs faits à ses dentelles que d'accrocs faits à sa vertu, et c'était, nous le répétons, la meilleure pratique d'Irma.

Un matin, elle vint en personne chez sa raccommodeuse, et, pour lui témoigner sa satisfaction de la manière remarquable dont Norine avait mené à bien une reprise fort difficile au beau milieu d'un superbe mantelet, elle offrit aux deux femmes un billet de spectacle pour le soir même.

Irma accepta, comme bien on pense.

Le cœur de Norine bondit de joie.

L'heure vint. La mère et la fille se vêtirent de leurs plus beaux atours, bien simples, hélas! et bien fripés, mais qui cependant rendaient Norine plus fraîche et plus charmante encore que de coutume.

On se mit en route.

La Porte-Saint-Martin reprenait ce soir-là un mélodrame célèbre, dont la vogue avait été grande jadis, *le Couvent de Tonniglon.*

Irma et Norine arrivèrent avant le lever du rideau et furent placées au premier rang des stalles de la première galerie.

On voit que la figurante avait été traitée en amie par l'administration.

Norine n'était jamais allée au spectacle.

Aussi nous ne réussirions point à donner une idée exacte de sa surprise et de sa joie à la vue de cette vaste salle, l'une des plus belles de Paris, éclairée d'une façon splendide et gorgée de monde, depuis le parterre jusqu'à l'amphithéâtre.

Pour elle, la vue des loges garnies de femmes élégantes et fraîchement parées était déjà une fête.

Elle s'émerveillait à regarder les peintures du plafond et celles du rideau.

Les douteuses harmonies qui s'échappaient de l'orchestre, où les musiciens accordaient leurs instruments, lui semblaient un concert céleste.

Enfin on frappa les trois coups.

L'orchestre exécuta son ouverture.

La toile se leva et le mélodrame apparut sur la scène avec son cortége lamentable de torches incendiaires, de morts vivants, de gens assassinés, de femmes enlevées, d'incestes et d'adultères.

La première tirade de l'œuvre de MM. Victor Ducange et Guilbert de Pixérécourt n'était point achevée que déjà Norine se sentait transportée dans un monde inconnu.

Déjà elle n'existait plus que par les yeux et par les oreilles.

Elle vivait de la vie de ces personnages bizarres dont les aventures étranges se déroulaient devant elle.

Tour à tour elle souriait, elle pleurait, elle s'attendrissait et elle s'irritait.

Tantôt sa respiration s'arrêtait tout à coup.

Tantôt son cœur bondissait comme s'il eût

voulu rompre la blanche poitrine qui le retenait captif.

On comprend que Norine, ainsi absorbée, ne dut point s'apercevoir de l'attention toute spéciale dont elle était l'objet de la part de deux personnes placées assez loin d'elle et assez loin l'une de l'autre dans la salle.

La première de ces personnes était un jeune homme.

L'autre était une femme.

Le jeune homme, hôte modeste du parterre, regardait Norine de bas en haut, et, tournant presque le dos à la scène, ne perdait pas un seul instant de vue la jeune fille.

Vainement les acteurs déclamaient d'une voix de tonnerre leurs plus ronflantes tirades, le mélodrame n'avait point le pouvoir de le tirer de la contemplation dans laquelle il était plongé.

Nous nous occuperons un peu plus tard de ce personnage [1], qui, d'ailleurs, n'est point tout à fait pour nous une nouvelle connaissance.

Le second des deux spectateurs dont le regard ne quittait point Norine était une femme, nous l'avons déjà dit.

---

1. *La Traite des Blanches*, dernière partie.

Cette femme, vêtue avec une élégance exagérée et extravagante, occupait à elle toute seule une grande loge de six places.

A chaque instant elle essuyait avec la peau de son gant paille les verres d'une gigantesque jumelle dont elle braquait sur Norine le double canon.

Et, à mesure que son examen se prolongeait, lui donnant le temps de détailler en quelque sorte les beautés de la jeune fille, sa satisfaction se manifestait par l'épanouissement progressif de sa physionomie.

Elle ressemblait à un gourmet émérite attablé en face d'une poularde grasse, rôtie à point, truffée amplement, et qu'il s'apprête à déguster avec une jubilation sybaritique.

Le premier entr'acte arriva.

La dame de la loge appela une ouvreuse.

Elle lui dit quelques mots tout bas, lui désigna Norine et sa mère et lui mit une pièce de monnaie dans la main.

L'ouvreuse, une minute après, entrait à la galerie, s'approchait d'Irma, et, au grand étonnement de la raccommodeuse de dentelles, entamait avec elle le dialogue suivant :

— C'est vous, n'est-ce pas, madame, qui vous

appeliez, avant votre mariage, mademoiselle Dujonquoy?...

— Oui, madame, répondit Irma stupéfaite.

L'ouvreuse fit une révérence et reprit :

— Alors, madame, seriez-vous assez bonne pour venir un instant avec moi?...

— Où donc?...

— Tout près d'ici, dans une loge...

— Dans une loge!... et pourquoi faire?...

— Pour y retrouver quelqu'un qui désire vivement vous voir.

— Quelqu'un ! s'écria Irma qui venait de penser à son mari et qui frémissait. Quelqu'un!... répéta-t-elle.

— Oui, madame.

— Un homme?...

— Non, une dame...

— Qui m'attend?...

— Qui vous attend, si toutefois c'est vous qui vous nommiez mademoiselle Dujonquoy...

— Allons donc auprès de cette dame, dit Irma ; je ne devine pas qui ce peut être, mais enfin nous verrons bien !...

Et, suivie de Norine qui tremblait que les pourparlers ne durassent plus longtemps que l'entr'acte, elle quitta sa stalle.

L'ouvreuse leur montrait le chemin.

Toutes trois atteignirent le couloir.

L'ouvreuse leur indiqua une loge dont la porte était entre-bâillée, et leur dit :

— C'est là, n° 14.

Cette porte s'ouvrit.

Joséphine Dujonquoy tendit vers Irma ses petits bras, gros et courts, et s'écria d'un ton qu'elle s'efforçait de rendre attendri, mais qui n'était que grotesque :

— Viens, mon Irma, jette-toi sur le cœur de ta Joséphine!... de ta bonne sœur qui t'aime tant!...

Et, sans donner à Irma le temps de se reconnaître, Joséphine la prit dans ses bras et la caressa chaleureusement.

Irma n'y comprenait rien.

Pourquoi cet accueil rempli de tendresse de la part d'une sœur qui, trois ou quatre ans auparavant, s'était moquée d'elle avec une impudence sans égale?

Joséphine devina ce qui se passait dans l'esprit de madame Picard.

Elle se hâta d'ajouter, d'un air de bonhomie et de franchise dont Irma fut presque complétement la dupe :

— Mon Dieu, mon Dieu, que je suis donc

contente de te voir, et que j'ai de choses à te dire, ma pauvre chérie!... Mais, d'abord et avant tout, fais-moi le plaisir d'expliquer à cette belle enfant que je suis sa bonne tante Joséphine, afin qu'elle vienne m'embrasser de tout son petit cœur, et bien vite!...

Norine fut à son tour serrée dans les bras de cette tante inconnue dont, jusqu'à ce jour, elle avait à peine soupçonné l'existence.

Puis, comme l'entr'acte touchait à sa fin, elle obtint, à sa grande joie, l'autorisation de s'asseoir sur le devant de la loge, tandis que les deux sœurs s'installaient dans le fond pour causer plus à leur aise.

Le jeune homme du parterre, après s'être inquiété d'abord de la disparition de Norine, avait fini par la retrouver et, maintenant comme auparavant, son regard ne la quittait pas.

XXIII

ENTENTE CORDIALE.

Le visage d'Irma, miroir fidèle de ce qui se passait dans son esprit, exprimait la froideur et l'indécision.

Joséphine n'eut point de peine à y démêler ce double sentiment, elle s'écria chaleureusement, tout en serrant les deux mains de sa sœur :

— Voyons, ma petite Irma, sois franche!... Tu m'en veux, n'est-ce pas?...

— Dame!... répondit Irma.

— Beaucoup?...

— Mais, pas mal!...

— Et pourquoi cela, mon Dieu?...

— Comment, pourquoi?...

— Oui, pourquoi m'en veux-tu?...

— Mais il me semble...

— Quoi?

— Il me semble que tu dois bien le savoir?

— Je m'en doute, en effet, mais je serais bien aise de te l'entendre dire à toi-même...

— Eh bien! quand nous nous sommes rencontrées, il y a deux ans, quel motif avais-tu pour te moquer de moi ainsi que tu l'as fait?...

— Je me suis moquée de toi!... moi!...

— Sans doute...

— Dieu du ciel!... Et comment donc?...

— En m'indiquant ton adresse dans une maison où tu étais inconnue, et en me disant de te demander sous un nom qui n'était point le tien...

Joséphine sembla tomber des nues.

— J'ai fait cela!... s'écria-t-elle.

— Parbleu!... Certainement, que tu l'as fait!...

— Parole d'honneur, Irma, si ce n'était point toi qui me le dises, je ne le croirais pas!... Cependant, à force d'y réfléchir, je commence à comprendre la funeste distraction qui a été la cause involontaire de tout le mal...

— Une distraction?... répéta Irma; quelle distraction?

— Mon Dieu, oui. Figure-toi que je déménage

assez souvent, et quand je change d'appartement et de quartier, je change aussi de nom...

— Dans quel but?...

— Ç'a m'est commode : plus tard je te dirai pourquoi. Bref, quand le hasard nous mit en présence l'une de l'autre, j'avais justement pris un nouvel appartement depuis huit jours, et comme l'un n'allait point sans l'autre, j'avais troqué mon pseudonyme de madame de Saint-Pharamond contre un autre plus à effet et que je porte encore aujourd'hui...

— Où veux-tu en venir?

— A ceci : pendant que je causais avec toi, j'eus une distraction, ainsi que je te le disais tout à l'heure; la langue me fourcha. Je te donnai mon nom de la veille en même temps que mon adresse du jour. Je demeurais bien rue de Richelieu, seulement on y connaissait madame *Belphégor* et non madame *de Saint-Pharamond*.

— Ah! ah!... fit Irma avec un reste d'incrédulité.

— Est-ce que tu douterais de ma parole, par hasard?... demanda la sœur aînée d'un ton majestueux.

— Non pas, mais...

Irma s'interrompit.

— Mais, reprit madame Belphégor, tu es comme feu saint Thomas, pas facile à convaincre!... Sais-tu que ce n'est pas bien, cela?... Réfléchis donc, ma pauvre amie, que tes doutes n'ont pas l'ombre du bon sens!... Pourquoi diable, si j'avais eu assez mauvais cœur pour vouloir me *ficher* de toi il y a deux ans, t'aurais-je envoyé chercher aujourd'hui?... Tu ne me voyais point, tu ne pensais guère à moi, à ta sœur Joséphine dont le cœur a battu en te reconnaissant, qui va t'emmener souper chez elle, qui n'oublie aucune des promesses qu'elle t'avait faites jadis, et qui, pour te le prouver, met à ton service, si tu en as besoin, tout l'argent dont elle peut disposer!...

Cette péroraison chaleureuse sembla convaincante à Irma.

L'offre d'argent qui la terminait lui alla surtout droit au cœur, et, à partir de ce moment, elle devint aussi affectueuse et aussi communicative avec madame Belphégor qu'elle avait été jusque-là défiante et sur ses gardes.

— A propos, dit tout à coup la sœur aînée, je crois me souvenir, ma chère enfant, que tes affaires allaient assez mal...

— Hélas!...

— Aujourd'hui, cependant, elles me semblent florissantes...

— Pourquoi donc cela?...

— Je vous vois au spectacle, ta fille et toi, à des places superbes...

— C'est un billet qu'on nous a donné.

Madame Belphégor fit une grimace.

— Quelque jeune homme!... quelque auteur!... s'écria-t-elle.

— Tu te trompes joliment, par exemple...

— Qui donc, alors?

— Une actrice d'ici, une très-belle fille pour qui je travaille...

— Tu la nommes?

— Célestine.

— Connu! murmura madame Belphégor; une de mes clientes!

Puis elle ajouta tout haut:

— Je m'étais figuré, dans le premier moment, que c'était une galanterie de l'amoureux de ta fille...

— L'amoureux de ma fille!... répéta Irma d'un air stupéfait et en regardant sa sœur.

— Eh bien! oui; est-ce qu'elle n'en a pas?

— Par exemple!...

— Qu'y aurait-il d'étonnant à cela? à son âge

et jolie comme la voilà !... Car sais-tu bien qu'elle est gentille à croquer !... Un vrai bijou !... Un petit amour !...

— Tu trouves? demanda Irma.

— Est-ce que tu ne trouves pas, toi?...

— Dame! elle m'a paru jusqu'à présent fort ordinaire... Qu'est-ce qu'elle a donc de si beau?...

— Ce qu'elle a de beau? Mais elle a tout, rien que ça!...

— Ça se peut. Tu t'y connais sans doute mieux que moi, mais quant aux amoureux, je te réponds bien sur ma tête que Norine n'y pense guère et qu'elle ne sait pas même ce que c'est!...

Madame Belphégor ne put contenir un geste de joie.

— Charmante enfant! dit-elle; je sens que je l'aime déjà comme ma propre fille et que je ferai beaucoup pour son bonheur!... Tiens, regarde-la donc un peu comme cela!... N'est-elle pas à croquer?... Quels yeux!... quel teint!... quels cheveux!... Mon Dieu, les beaux cheveux!... Ah! je connais quelqu'un qui ferait bien des folies pour ces cheveux-là!...

— Un coiffeur?... demanda naïvement Irma.

Madame Belphégor se mit à rire.

— Non, répondit-elle; un Anglais.

Irma ne comprit point ce que sa sœur voulait dire, et elle ne l'interrogea pas pour en avoir l'explication.

D'ailleurs elle n'était pas fâchée de voir un peu le spectacle et, pendant les deux actes suivants, son attention fut toute entière à la pièce.

Au moment où commençait l'avant-dernier entr'acte, elle renoua l'entretien en disant à sa sœur :

— Que fais-tu, maintenant que l'âge des amours est passé?... Tu vis de tes rentes, j'imagine!

— Oui, répondit madame Belphégor, je vis de mes rentes et je les augmente assez gentiment. Je ne serais point étonnée de me réveiller millionnaire un beau matin...

— Millionnaire!... s'écria Irma éblouie.

— Mon Dieu, oui.

— Et comment cela?

— De la façon la plus simple : je fais le commerce...

— Le commerce de quoi!...

Madame Belphégor se mit à rire pour la seconde fois.

Puis elle répliqua :

— Je vends ce qu'il y a au monde de plus fragile et de plus beau...

— Je ne sais pas ce que tu veux dire.

— Je te l'expliquerai un de ces jours.

— Tu me réponds comme une énigme!

— C'est qu'en effet c'est une énigme... Je t'en dirai le mot plus tard...

Le rideau, en se levant pour le dernier acte, coupa la conversation des deux sœurs.

Le mélodrame s'acheva, au très-grand chagrin de Norine, qui aurait souhaité que le spectacle se prolongeât toute la nuit.

Madame Belphégor renouvela à Irma la proposition qu'elle lui avait déjà faite de l'emmener souper chez elle.

Cette proposition fut acceptée.

Les trois femmes quittèrent le théâtre, et aucune d'elles, pas même Norine, ne remarqua que le jeune homme du parterre s'attachait à leurs pas et semblait disposé à les suivre partout où elles iraient.

Madame Belphégor arrêta un fiacre, y monta avec sa sœur et sa nièce et donna l'adresse au cocher.

Au bout d'un quart d'heure le fiacre s'arrêta devant une très-belle maison de la rue Caumartin.

Au moment où madame Belphégor passait devant la loge du concierge, ce dernier s'approcha d'elle et, après l'avoir saluée jusqu'à terre, lui remit une douzaine de lettres qui étaient arrivées pendant la soirée.

Madame Belphégor prit ces lettres, puis, suivie d'Irma et de Norine, elle s'engagea dans un large et magnifique escalier dont les marches étaient recouvertes d'un tapis, et la rampe luxueusement ciselée et dorée.

Elle monta au premier étage et sonna à une porte à deux battants, de la plus aristocratique apparence.

— C'est ici que tu demeures?... s'écria Irma qui n'en pouvait croire ses yeux.

— Mon Dieu, oui, ma chère.

— Mais, au premier, rue Caumartin, cela doit te coûter un prix fou!...

— Une bagatelle, — quatre mille francs.

Irma tombait de surprise en stupeur.

En ce moment, la porte s'ouvrit, et une jeune et jolie soubrette, au regard éveillé et à la mine friponne, reconnut sa maîtresse et s'effaça pour la laisser passer.

— Justine, mon enfant, lui demanda madame Belphégor dans l'antichambre, — est-il venu du monde, ce soir?...

— Oui, madame.

— Plusieurs personnes?

— Six.

— Y a-t-il encore quelqu'un ici?

— Oui, madame. — Deux clients.

— Où?

— Dans le boudoir bleu.

— Rosette doit en être!... — Elle n'en finit jamais, cette petite!...

— Madame ne se trompe pas... Rosette en est effectivement.

— Bien. — Éclaire-nous, mon enfant, et dis à Joséphine de nous servir à souper dans ma chambre.

La soubrette prit un bougeoir, ouvrit une porte latérale et précéda madame Belphégor, que suivaient Irma et Norine.

Le jeune homme du parterre s'était arrêté devant la maison, dont il regardait amoureusement les contrevents fermés et la porte close.

XXIV

LE LOGIS DE MADAME BELPHÉGOR.

La première pièce que traversèrent madame Belphéhor, Irma et Norine, fut un salon de grande dimension.

Ce salon était meublé avec luxe, et l'on eût dit qu'il était tout préparé pour une fête.

Dans chaque panneau se voyaient des girandoles chargées de bougies.

Le piano était ouvert, et son pupitre supportait un cahier de valses et de quadrilles.

Cependant une seule bougie se consumait lentement dans l'un des candélabres de la cheminée.

Un grand feu flamboyait dans l'âtre et deux chauffeuses, placées l'une à côté de l'autre en face du foyer, semblaient garder encore l'empreinte de ceux qui venaient de les quitter.

L'atmosphère de ce salon était chaude et lourde, et saturée outre mesure d'émanations féminines.

On eût dit que beaucoup de femmes y avaient passé en y laissant chacune quelque trace du parfum de sa chevelure ou de ses vêtements.

Ces parfums mélangés formaient une senteur bizarre, énervante et voluptueuse.

Il était à peu près impossible qu'un homme entrât dans ce salon sans y rêver les changeantes étreintes et les caresses multiples d'un harem oriental.

Mme Belphégor s'arrêta.

Elle promena un regard rempli d'une orgueilleuse satisfaction sur les meubles et sur les tentures de lampas cramoisi, que faisait vivement ressortir le ton mat des boiseries blanches rehaussées d'arabesques d'or.

Et elle dit à Irma, qui regardait aussi, mais avec une admiration mêlée de colère et d'envie :

— C'est gentil, ici, n'est-ce pas?

— C'est-à-dire que c'est magnifique!... répondit l'ouvrière; parole d'honneur! on se croirait chez le roi!...

Madame Belphégor sourit.

Puis elle demanda à Norine, que toutes ces splendeurs éblouissaient :

— Et toi, petite fille, qu'en dis-tu ?...

— Oh! ma tante, s'écria Norine, c'est encore plus beau qu'au spectacle !...

L'enthousiasme de la jeune fille ne pouvait se traduire d'une façon plus significative.

— Ce n'est pas tout, dit madame Belphégor; vous en verrez bien d'autres tout à l'heure...

Irma leva les mains et les yeux vers le ciel.

Norine ne put s'empêcher de demander :

— Mais, ma tante, vous êtes donc bien riche?

— Euh!... euh!... fit l'entremetteuse, bien riche, non, mais je vivote...

— Fichtre! grommela Irma, tu appelles ça vivoter!... Merci!... Tu as un mobilier qui vaut au moins vingt mille francs !...

— Soixante mille, ma chère, répondit madame Belphégor.

Puis elle ajouta, en s'adressant à sa nièce :

— Aimerais-tu en avoir un pareil, petite?

— Certainement!... répliqua Norine. Mais je sais bien que c'est impossible!...

— Allons donc!... dit l'entremetteuse; rien n'est impossible en ce monde!

— Vous croyez, ma tante ?...

— J'en suis sûre.

— Ainsi je pourrais être logée comme vous l'êtes et devenir aussi riche que vous?...

— Parbleu !

— Vous ne vous moquez pas de moi ?

— Non, certes !...

— Et que faudrait-il faire pour cela ?...

— Nous en causerons plus tard, ma petite, et, si tu veux suivre les bons conseils que ta tante te donnera pour ton bien, tu n'auras point à te plaindre du sort...

Irma, en entendant ces derniers mots, redressa la tête et prêta l'oreille avec plus d'attention qu'elle ne l'avait fait jusque-là.

Elle regarda bien en face madame Belphégor, dont le visage empourpré avait pris une expression intraduisible.

Son regard se reporta ensuite sur Norine, et, pour la première fois, elle se rendit compte de l'angélique beauté de sa fille.

Une lueur se fit dans son esprit.

Elle comprit ce qu'était madame Belphégor.

Elle devina la honteuse source de sa fortune.

Elle entrevit ses projets à l'endroit de Norine.

Alors un sourire diabolique entr'ouvrit ses

lèvres flétries, et, bien loin de se soulever de dégoût, son cœur battit de joie.

A partir de ce moment, il n'y eut plus rien de mystérieux pour elle dans la conduite de sa sœur à son égard.

Elle demeura convaincue que, lors de leur première rencontre, madame Belphégor lui avait donné en toute connaissance de cause un faux nom et une fausse adresse, et que, la retrouvant à l'improviste au théâtre de la Porte-Saint-Martin, l'influence de la merveilleuse beauté de Norine l'avait décidée à se rapprocher d'elle dans un but facile à comprendre.

Mais il importait peu à Irma que madame Belphégor professât à son endroit une tendresse pure, pourvu qu'elle contribuât à réaliser le rêve de toute sa vie, la fortune.

Seulement Irma pensa qu'il était opportun de ne point se livrer trop vite. Elle résolut d'attendre les propositions de sa sœur et elle eut l'air de n'avoir rien deviné.

Madame Belphégor fit un signe à la soubrette, qui souleva une portière et précéda les trois femmes dans un couloir assez large dont les murailles étaient recouvertes d'étoffes et dont le parquet disparaissait sous un double tapis qui étouffait le bruit des pas.

Des portes étaient pratiquées, à droite et à gauche, dans toute la longueur de ce couloir.

Tandis que madame Belphégor, Irma et Norine le traversaient et allaient en atteindre l'extrémité, un murmure confus, produit par des voix qui chuchotaient tout bas, arriva jusqu'à elles à travers une des portes.

A ce murmure succédèrent de longs éclats de rire, tantôt frais et juvéniles, tantôt mâles et plus fortement timbrés.

Et, enfin, des baisers sonores se déroulèrent comme les grains dénoués d'un chapelet amoureux.

— Qu'est-ce ? demanda Norine.

— Une des cages de ma volière, répondit madame Belphégor ; il y a là des tourtereaux...

Norine ne comprit pas.

Et cependant, nous ne savons par quel chaste instinct du cœur, ses paupières s'abaissèrent sur ses grands yeux, et un beau nuage pourpre colora son front et ses joues.

En ce moment, la soubrette venait d'ouvrir la porte qui se trouvait au fond du couloir.

C'était celle de la chambre de madame Belphégor.

— Entrez, dit cette dernière en prenant le flambeau des mains de Justine qu'elle congédia, et en lui répétant de faire servir le souper à l'instant même.

La pièce dans laquelle nous introduisons nos lecteurs était petite et meublée avec un luxe de mauvais goût.

Les étoffes précieuses, les bronzes, les cristaux, les marbres, les dorures, s'y voyaient de toute part.

Seulement tout cela s'entassait lourdement, et la richesse de l'ensemble disparaissait devant la mauvaise entente des détails.

Contre les murailles se voyaient un certain nombre de tableaux, sinon tout à fait obscènes, au moins beaucoup plus que lestes.

Norine alla regarder ces tableaux, et, se sentant rougir de nouveau, elle revint auprès de sa mère.

Irma s'occupait à tout inventorier.

Elle touchait l'étoffe des meubles ; elle examinait les futilités élégantes et les curiosités coûteuses qui encombraient la cheminée et les étagères.

Madame Belphégor la regardait faire avec complaisance.

Quelques minutes se passèrent ainsi.

Puis Joséphine, belle et robuste fille de trente ans, la cuisinière de madame Belphégor, apporta avec l'aide de Justine et installa au milieu de la chambre un guéridon sur lequel s'étalaient les apprêts d'un souper.

C'étaient des perdreaux froids, une galantine aux truffes et du vin de Champagne.

— A table !... à table !... cria madame Belphégor ; d'abord, moi, je meurs de faim !...

De leur côté Irma et Norine se sentaient en appétit, la jeune fille surtout, qui n'avait point l'habitude de se voir debout aussi tard, et qui d'ailleurs se réjouissait malgré elle de manger dans de belles assiettes en porcelaine peinte et avec une argenterie somptueusement ciselée.

Madame Belphégor, disons-le tout de suite, se montra bonne sœur et tante excellente.

Elle servit amplement Irma et Norine, leur choisit les meilleurs morceaux, prévint tous leurs désirs, et surtout leur versa de fréquentes rasades de ce vin écumeux qui vient des coteaux d'Epernay et qui fait le bonheur des lorettes et des sous-préfets.

Pourquoi les sous-préfets? dira-t-on.

Mon Dieu, tout bonnement parce que ces intéressants fonctionnaires, lors des petits voyages qu'ils se permettent de temps à autre à Paris pour se *retremper*, comme ils disent, se posent volontiers en viveurs émérites et rappellent à tout propos les souvenirs de la joyeuse vie qu'ils menaient lorsqu'ils étaient auditeurs au conseil d'Etat ou attachés à quelque ministère.

En foi de quoi ils affichent le culte du vin de Champagne et se grisent abominablement au café Anglais, en compagnie de drôlesses, avec cet odieux liquide.

Ce qui leur vaut la croix d'honneur.

TABLE DES MATIÈRES

I.	— Un article de journal....................	5
II.	— Madame Brutus........................	16
III.	— Deux portraits.........................	25
IV.	— La ronde..............................	35
V.	— Trois sous pour sept couplets............	44
VI.	— Une descente de police.................	53
VII.	— Monsieur Robert.......................	62
VIII.	— Raphaël et Carillon.....................	72
VIII.	— L'agent de police et le voleur...........	82
IX.	— Marché conclu.........................	91
X.	— Un portier de Paris	103
XI.	— Monsieur le Comte.....................	113
XII.	— Madame Belphégor	124
XIII.	— L'entremetteuse........................	133
XIV.	— Rue de Paradis-Poissonnière, n° 7.......	144
XV.	— Norine.................................	154
XVI.	— Les projets de Madame Belphégor.......	165
XVII.	— Une scène d'intérieur...................	174
XVIII.	— Les deux sœurs........................	182
XIX.	— Une passion intéressée..................	189
XX.	— Un mariage d'amour....................	197
XXI.	— Un cœur de mère......................	207
XXII.	— Irma et Joséphine......................	218
XXIII.	— Entente cordiale........................	227
XXIV.	— Le logis de Madame Belphégor..........	237

Coulommiers. — Typogr. ALBERT PONSOT et P. BRODARD.

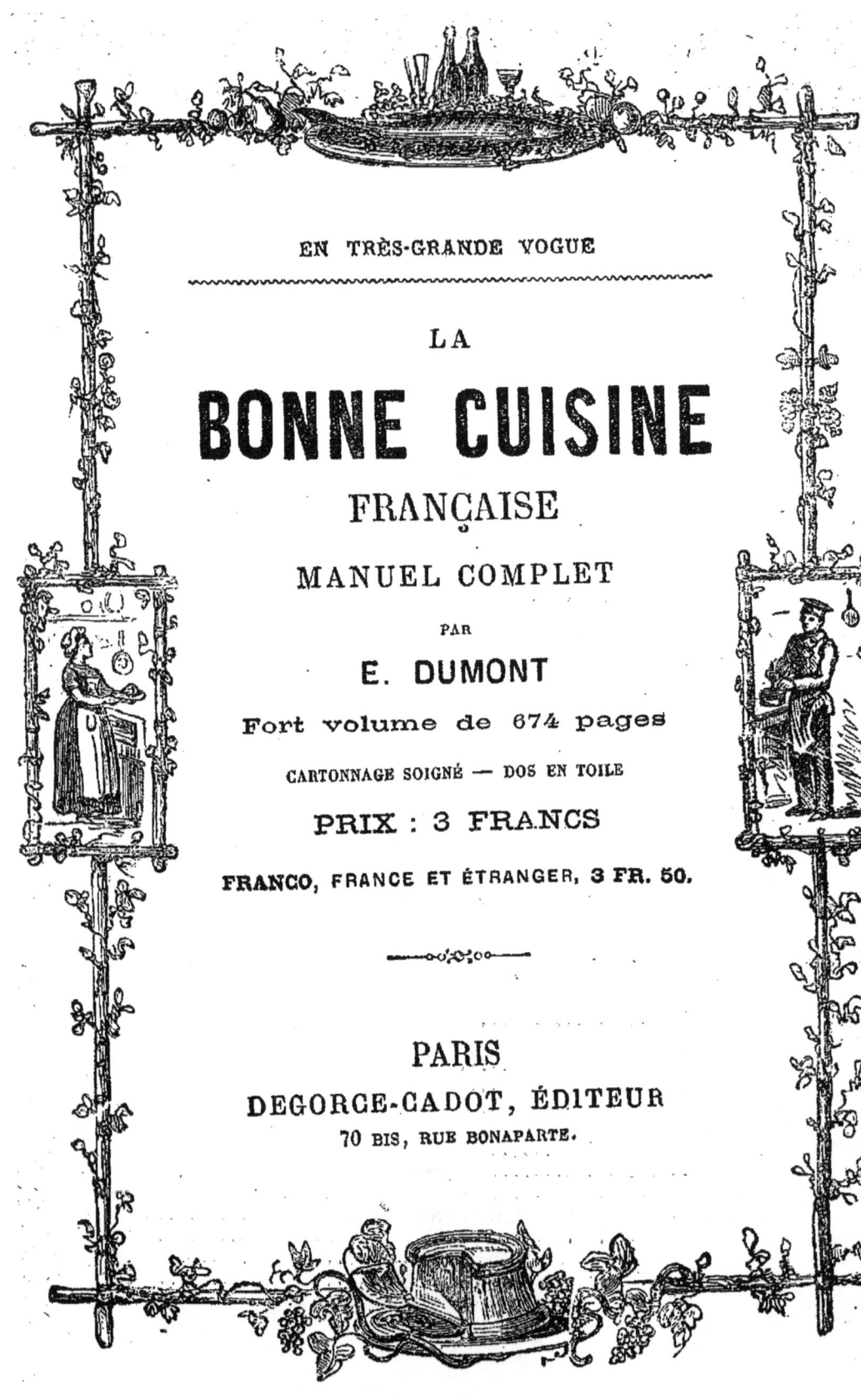

EN TRÈS-GRANDE VOGUE

LA
BONNE CUISINE
FRANÇAISE
MANUEL COMPLET

PAR

E. DUMONT

Fort volume de 674 pages

CARTONNAGE SOIGNÉ — DOS EN TOILE

PRIX : 3 FRANCS

FRANCO, FRANCE ET ÉTRANGER, 3 FR. 50.

PARIS
DEGORCE-CADOT, ÉDITEUR
70 BIS, RUE BONAPARTE.

EXTRAIT DU CATALOGUE DE LA LIBRAIRIE DEGORCE-CADOT

COLLECTION des OEUVRES de HENRY de KOCK

(Ch. PAUL de KOCK Fils.)

A 3 FR. 50 LE VOLUME

	Vol.
Les Treize nuits de Jane	1

A 2 FR. LE VOLUME

Les Hommes volants, avec gravure.	1
Comment aimait une grisette, avec gravure	1
Nini-Guignon, avec gravure	1
La Fée aux Amourettes, avec gravure	1
Marianne (Démon de l'alcôve), avec gravure	1
Les Quatre Baisers, avec gravure	1
Une Coquine, avec gravure	1
Ma petite Cousine, avec gravure	1
Je me tuerai demain, avec gravure	1

A 1 FR. 25 LE VOLUME

Beau Filou	1
L'Auberge des Treize Pendus	2
L'Amant de Lucette	1
Les Mystères du Village	2
La Dame aux Emeraudes	1
Les Femmes honnêtes	1
La Tribu des Géneurs	1
Minette	1
Morte et Vivante	1
Les Amoureux de Pierrefonds	1
Bibi et Lolo	1
Les Consolations de Bibi	1
Courses aux Amours	2

EXTRAIT DU CATALOGUE DE LA LIBRAIRIE DEGORCE-CADOT

ŒUVRES COMPLÈTES

DE

PIGAULT-LEBRUN

A 2 fr. le volume.

ONT PARU A CE JOUR :

		Vol.
Monsieur Sans-Souci.........	Dessins de Hadol ...	1
L'Heureux Jérôme...........	— ...	1
Monsieur Botte	— ...	1
Les Barons de Felsheim.......	— ...	1
Le Mouchard................	— ...	1
La Folie espagnole...........	— ...	1
Le Coureur d'aventures.......	— ...	1
La Folie Française...........	— ...	1
Les Mémoires de Fanchette....	— ...	1
Angélique et Janneton	— ...	1
Monsieur trop complaisant....	Dessins de Morland ...	1
Mon oncle Thomas...........	Dessins de A. Michéle..	1
La petite sœur Léonore.......	— ...	1
Adolphe Luceval.............	Dessins de Morland ...	1

Jusqu'à ce que la collection entière ait été publiée, il paraîtra un volume chaque mois.

MÉMOIRES D'UNE RELIGIEUSE

1ʳᵉ PARTIE

LE COUVENT (1)

Lorsque ce petit livre parut, le *Siècle*, en deux mots, lui prédit un grand succès, et sa prédiction s'est complétement réalisée.

Entendons-nous, pourtant; nous ne sommes point ici en présence d'un de ces livres qui s'imposent à l'admiration publique par l'éclat de leur forme, l'originalité de leurs idées, le retentissement du nom de leur auteur. Non! c'est un humble livre anonyme, sans prétention, sans théories, sans systèmes, sans parti pris; c'est un livre qui a été souffert avant d'être écrit par une pauvre femme inconnue, et c'est parce qu'il a été souffert, c'est parce qu'on sent que chaque page du manuscrit a dû être mouillée de vraies larmes, qu'on ne peut se défendre en le lisant d'une émotion profonde, et d'une immense pitié.

Ne vous est-il pas arrivé, en parcourant nos vastes nécropoles, de passer indifférent devant les tombeaux somptueux et les mausolées les plus splendides, tandis que vous vous arrêtiez, ému, devant une croix de bois noir, devant un cri de douleur simplement exprimé? Ce livre, c'est la croix de bois noir, c'est le sépulcre où s'est débattue au milieu des plus cruelles angoisses une infortunée, arrachée par suite de misérables intrigues à sa famille, à ses plus chères affections, et qui revient à la vie, au grand jour, pour dire, sans passion et sans haine, les souffrances horribles qu'elles a endurées.

. . . .

Quel sujet plus intéressant que la peinture des passions, des convoitises, des haines, des rivalités qui s'agitent dans ces sombres lieux où nul regard ne pénètre, où une fille peut être à ce point circonvenue ou violentée, qu'elle devienne orpheline, qu'elle soit dépouillée de sa fortune à son insu!

Ce qui est intéressant surtout, c'est l'accent de vérité, d'honnêteté, qui donne à ce récit émouvant un cachet tout particulier.

. . . .

Oui, ce livre n'est que la plainte d'une malheureuse fille pauvre, abandonnée, inconnue; mais, autant qu'il dépendra de nous, cette plainte ne sera point étouffée; elle aura un retentissement universel, et l'opinion publique jugera sévèrement, nous l'espérons, ces grands coupables anonymes, ces grandes associations qui se font des lois prétendues divines un rempart derrière lequel elles tirent impunément sur les lois humaines. LOUIS JOURDAN.

(1) Le *Siècle*, 19 août 1868.

www.ingramcontent.com/pod-product-compliance
Lightning Source LLC
Chambersburg PA
CBHW070656170426
43200CB00010B/2265